중국 병원의 속살

중국병원의 속살

발행일	2025년 7월 16일
지은이	고천석
펴낸이	손형국
펴낸곳	(주)북랩
편집인	선일영
편집	김현아, 배진용, 김다빈, 김부경
디자인	이현수, 김민하, 임진형, 안유경, 신혜림
제작	박기성, 구성우, 이창영, 배상진
마케팅	김회란, 박진관
출판등록	2004. 12. 1(제2012-000051호)
주소	서울특별시 금천구 가산디지털 1로 168, 우림라이온스밸리 B동 B111호, B113~115호
홈페이지	www.book.co.kr
전화번호	(02)2026-5777
팩스	(02)3159-9637
ISBN	979-11-7224-738-6 03300 (종이책) 979-11-7224-739-3 05300 (전자책)

잘못된 책은 구입한 곳에서 교환해드립니다.
이 책은 저작권법에 따라 보호받는 저작물이므로 무단 전재와 복제를 금합니다.
이 책은 (주)북랩이 보유한 리코 장비로 인쇄되었습니다.

(주)북랩 성공출판의 파트너
북랩 홈페이지와 패밀리 사이트에서 다양한 출판 솔루션을 만나 보세요!
홈페이지 book.co.kr • 블로그 blog.naver.com/essaybook • 출판문의 book@book.co.kr

작가 연락처 문의 ▶ ask.book.co.kr
작가 연락처는 개인정보이므로 북랩에서 알려드릴 수 없습니다.

중국의 속살 시리즈 I

의료 신대륙 중국 진출을 꿈꾸는 사람들을 위한 필수 지침서
중국 병원의 속살

고천석 지음

북랩

추천의 말

위행복

(한양대학교 명예교수, 한국인문사회총연합회 이사장, 중국문학 전공)

저자인 고천석 대표는 20여 년 동안 중국에서 활동해 온 중국통입니다. 최근 10여 년간은 의료 관련 일을 하시더니 『중국 병원의 속살』을 세상에 내놓았습니다.

본 도서는 중국 의료의 과거와 현재를 상세히 소개하고 있습니다. 그가 직접 중국 사회에 몸담으면서 연구하고 경험하고 분석한 내용을 르포 스타일로 조목조목 알려 주고 있어서 쉽고 재미있게 읽힐 뿐만 아니라, 중국 의료 전반에 대한 지식과 정보와 이해를 높이는 데 큰 도움이 될 것입니다. 또한 정부의 관리 체계와 지역별 의료 서비스의 현황과 수준, 의료 소비자의 모습 등등 중국의 의료 시스템 전반을 알려 주기 때문에 중국 의료시장에 진출할 대망을 품은 독자께서는 대륙진출을 인도해 주는 지침서 중 한 권으로 삼아도 좋을 것입니다.

더욱 강조하고 싶은 점은, 본서에 담긴 내용이 변화하고 발전하는 현대 중국의 모습을 객관적으로 보여 준다는 점입니다. 내부의 시선으로 중국을 바라보고 있어서, 중국을 피상적으로 이해하고 있거나 중국의 현재적 실상을 정확히 알고 싶은 독자들에게 많은 도움이 될 것입니다. 고천석 대표의 오랜 경험과 책에 담긴 내용을 통해 지금 이 시대를 살아가고 있는 중국인들의 생활상과 사고방식 그리고 국민을 대하는 정부의 태도와 방침 및 중국의 발전상까지도 엿볼 수 있기 때문입니다. 중국에 대한 우리의 시각이 상당 정도 왜곡돼 있다는 것이 제 생각입니다. 편견 없는 시선으로 중국을 바라보고 있는 저자가 우리로 하여금 보다 정확하게 중국을 이해하도록 도울 것입니다.

중국은 14억이 넘는 인구를 보유하고 있을 뿐만 아니라 1인당 국민소득이 이미 1.3만 달러를 넘어섰습니다. 거대한 구매력을 지닌 시장으로 성장한 것입니다. 2015년에 중국의 과학자가 노벨 생리학·의학상을 수상한 점에서도 짐작할 수 있듯이, 중국의 과학과 기술은 우리의 주력 산업을 위협할 정도로 빠르게 발전하고 있으며, 중국은 이미 굴지의 제조 강국으로 발전했습니다. 일부 언론의 편파적 보도가 중국에 대한 인식을 왜곡시키고 있고, 패권을 유지하려는 미국이 혐오를 부추기고 있으며, 최근에는 한국의 극우 정치 집단이 얼토당토않게 재중동포와 중국인을 헐뜯는 사건도 있었습니다만, 중국에 대한 객관적 시각을 회복하고, 또한 중국과의 '경쟁적 협력'을 더욱 발전시켜 가야 합니다. 고도의 기술을 지닌 제조 강국일 뿐만 아니라 거대한 시장을 지닌 나라로 중국을 대할 수 있어야 합니다. 저자의 객관적인 시각과 분석이 독자들로 하여금 중국의 의료는 물론 현재의 중국과 중국인을 올바로 인식하도록 도울 것임을 확신합니다.

추천의 말

김용태
(경희대학교 경영대학원 의료경영학과 주임교수)

나는 중국 의료시장에 관심이 많다. 지금까지 중국에 진출한 선후배들은 비싼 수업료를 내고 실패한 경험이 많다. 그럼에도 불구하고 우리는 다시 한번 다짐하고, 또다시 도전하는 곳이 중국 시장이다. 새로운 비즈니스 모델을 꿈꾸며 가벼운 마음으로 중국 땅을 밟지만, 돌아오는 길은 무거웠다. 그 이유는 정확히 중국을 모르기 때문이다. 나 또한 사회 시스템에 대한 이해보다 비즈니스에 대한 관심만 많았기 때문에 고생을 많이 했다. 그러나 이번에 고 작가님과 만남을 통해 엄청난 기회비용을 줄일 수 있을 것 같다.

모든 비즈니스의 시작은 역사적 흐름을 이해하는 것에서 출발해야 한다는 것을 이 책을 통해 깨달았다. 역사의 이해는 정치, 경제, 사회, 문화, 사람 등 중국의 복잡한 시스템을 이해하는 데 매우 중요한 역할을 한다. 2024년 이후 중국의 의료시장은 엄청나게 개방되고 있다. 세계적으로 최고의 의료 장비를 구축하고 있고, 한국보다 더 혁신적인 생각을 가지고 의료대변혁을 이루어 가고 있다. 하지만 아직은 의료 기술, 병원 경영, 시스템 분야에서는 우리가 앞서고 있다. 이 책은 중국 의료 시스템의 자세한 내용과 재정, 산업 분야까지 실제적인 변화 양상을 정확하게 설명하고 있다. 소위 어깨너머로 듣고, 흥행을 위해 쓴 책이 아닌, 중국 의료역사를 공부하고, 체험하며, 성공과 실패를 맛본 아주 짜릿한 내용들이다. '캬~ 이게 중국이구나.'라고.

이 책에서 가장 흥미로운 내용은 '중서의결합(中西医結合)'을 위해 노력하는 모습이다. 우리에게도 중요한 메시지가 있을 것이다. 중국의 변화를 지켜보는 것도 중요한 포인트라 생각한다. 나는 확신한다. 이 책은 중국 진출을 꿈꾸고 있는 많은 분들에게 길라잡이가 될 것이다. 끝까지 정독하면 더 많은 호기심과 방법이 보인다.

추천의 말

박종훈

(고려대학고 의과대학 교수)

완벽한 정치 제도가 있을까? 아마 없을 것이다. 민주주의가 가장 우수하다고 하나 세상을 돌아보면 제도의 문제라기보다는 사람의 문제가 아닐까 싶다. 가장 좋은 의료 시스템이 있을까? 이 또한 없을 것이다. 한때는, 아니, 지금도 대한민국의 의료가 세계에서 제일 좋은 시스템이라고 하는 사람들은 있지만, 의료 현장에 있는 사람으로서 동의하기 어려운 것이 사실이다.

좋은 의료 제도가 뭘까? 진단은 빠르고 정확해야 하고, 치료는 후유증이나 사고 없이 만족할 만한 수준이어야 하고, 무엇보다도 비용이 저렴해야 할 것이다. 이렇게 확실한데도 불구하고 실제 이런 의료 서비스는 존재하지 않는다. 한국의 의료는 그동안 빠르고, 저렴한 그러면서도 어느 정도 수준이 되는 의료였는데 이제는 진료 과정이 복잡하고, 도무지 알 길이 없는 비급여와 과잉 진료가 만연하여 비용이 만만치 않고, 의료 사고가 여전히 빈번한 시스템으로 변질하였다. 고천석 작가의『중국 병원의 속살』을 읽다 보면 중국의 병원을 말하는 것인지, 대한민국 의료를 말하는 것인지 분간이 안 될 정도로 양국의 의료 서비스는 비슷한 문제를 안고 있다. 즉, 환자의 대형 병원 쏠림 현상, 지역 의료의 붕괴, 환자와 의사 간의 불신, 고령화 사회 속의 급증하는 의료의 요구도 그리고 경제성을 고려하다 보니 여전히 글로벌화하지 못하고 있는 제약 산업 등이 그렇다. 환자의 생각은 전 세계 공통이라 그런가 싶은데, 어쨌든 신기한 일이다.

대한민국 의료는 여전히 혼란스럽다. 여전히 민영 의료 중심의 현실과 공공의료를 강화하려는 정부, 정치권과의 갈등이 남아 있다.『중국 병원의 속살』을 통해서 중국의 의료 정책을 보고 놀란

것은, 의외로 의료에서만큼은 이념의 틀에 갇혀 있지 않고 문제해결 중심으로 풀어 나가려는 중국 정부의 강력한 의지가 느껴진다는 점이다. 정부 주도의 청사진이 없어서 늘 아쉬운 우리와는 아주 대조적이다. 또한, 공공의료를 지향하면서도 필요하면 정부가 비전을 잘 설정하고 추진한다는 점도, 이도 저도 아니고 늘 갈등의 늪에 빠지는 우리와는 비교된다. 민영 의료 중심인 대한민국에서도 실현되지 못하는 원격 의료나 IT 기술을 이용한 첨단 의료로 고질적인 의료 한계를 극복하려는 점은 아주 인상적이라 할 것이다.

제일 좋은 의료 시스템은 결국 의료 제도를 받아들이는 그 나라 국민의 정서와 해당 국가의 담론이 모여질 때 만들어질 수 있다. 우리보다 아직은 의료의 질이 떨어진다고 할 수 있는 중국의 모델에서도 배울 점이 있다는 것은 시사하는 바가 매우 크다 할 것이다.

추천의 말

정춘숙

(전 국회의원, 국회보건복지위원장)

중국과 한국은 떼려야 뗄 수 없는 관계다. 지정학적으로나 정치·경제·문화적으로 모두 긴밀하다. 그러나 최근 수년간 중국과 한국의 관계는 순탄치 못했고, 그 피해가 양국 모두에게 미치고 있다.

이런 상황에서 고천석 대표가 『중국 병원의 속살』이라는 전문적이면서도 대중적인 책을 출판한 것은 매우 의미 있는 일이다.

고천석 대표는 20여 년 동안 중국에서 활동해 온 '중국통'이며, 10여 년간은 의료 관련 일을 하며, 본인의 경험을 바탕으로 중국과 한국이 서로에 대한 이해를 높이고 함께 배울 수 있는 책을 내놓은 것이다.

『중국 병원의 속살』은 저자도 말했듯이, 대중들이 읽기 쉽게 쓰여 있다. 중국의 의료 현실을 역사, 구조, 재정, 인력, 정책 등을 망라하여, 전문적이며 체계적으로 상세히 다루고 있다. 저자는 전공자가 아님에도 놀라울 정도로 중국 의료 체계와 현실에 대한 폭넓은 이해를 바탕으로, 광범위하고 자세한 설명과 체계적이고 실질적인 중국 의료의 미래 비전을 제시하고 있다.

중국과 한국은, 3차 대형병원 쏠림 현상과 이로 인한 의료 난민이 생길 지경인 병원 체계와 같이 의료 시스템이 비슷하고, 문제점 역시 비슷해 보인다. 그러나 유럽 대륙과 맞먹을 광대한 영토와 14억 인구, 1만 3천 달러에 이르는 1인당 GDP, 사회주의 정치 체제와 개혁 개방의 자본주의가 함께 하는 중국의 특성은, 우리와는 다른 접근과 이해가 필요로 함을 보여 준다.

광대한 영토와 소득의 격차로부터 오는 의료 접근성과 의료 격차의 문제, 공공 병원 중심의 의료 체계를 갖고 있으나, 민영화된 병원 운영이 갖는 엄청난 간극에 대한 저자의 지적은 중국 현지인들이 눈여겨볼 만한 대목이다. 이러한 의료 격차와 접근성의 문제를 해결하기 위해 중국 정부가 지속해서 노력해 온 역사도 『중국 병원의 속살』 속 '농촌 의사'를 통해 상세히 소개되고 있다.

중국 의료가 '예방'에 중점을 두고 있으며, 중의학이 의료의 중요한 한 축을 차지하고 있다는 것은 우리에게 시사하는 바가 매우 크다. 특히 중국 보건정책의 핵심 표어가 중의학의 계승과 중서의결합(中西医結合)이라는 것은, 한의학이 그 가능성과 역할에도 불구하고 제대로 자리매김하지 못하는 우리의 현실을 돌아보게 한다.

그럴 뿐만 아니라 스마트 병원과 원격 진료, 제7부에서 소개하고 있는 의료 관련 산업의 혁신은 한국 보건의료산업계가 상세히 살펴보아야 할 부분이다.

9부에서 제안하고 있는 중국 의료의 미래 과제와 전망은 외국인의 눈으로 보는 중국 의료의 미래로, 중국의 정책 입안자들에게 새로운 관점을 갖게 해 줄 것이다.

의료 정의와 사회적 신뢰 회복은 중국뿐 아니라 '의료 대란'으로 사회적 신뢰를 잃은 한국의 의료인들에게도 깊은 울림을 줄 것이다.

『중국 병원의 속살』은 저자의 의도대로 중국에 관심이 있고, 중국 진출을 생각하고 있는 후발주자들에게 가이드 역할을 충분히 할 것이다. 또한 중국과 한국 사회의 의료 체계가 그 본연의 역할을 다하기 위한 필요조건을 돌아보는 계기가 될 것이다.

저자의 말

나는 의료인이 아니다. 의학도도 의료 정책 전문가도 아니다. 그럼에도 불구하고 왜 나는 중국 의료 시스템에 대해 책을 쓰고자 했을까?

나는 20여 년 동안 중국에서 비즈니스를 해 왔다. 2001년에 중국에 첫발을 디뎠으니 한중수교 2세대라고 할 수 있다. (보통 1992년 한중수교부터 1998년 IMF 외환위기까지를 한중수교 1세대라고 한다.) 최근 10년은 한국의 의료 시스템을 중국에 소개하고, 수출하는 일을 했다. 사실, '의료'를 다룬다고 하면 사람들이 자연스럽게 거룩한 흰 가운을 입은 의사들만 떠올리기 쉽다. 하지만 의료는 결코 그저 한 사람의 치료만을 의미하지 않는다. 경제, 정치, 문화, 사회적 요구가 얽히고설켜 이뤄지는 복잡한 시스템이다. 그중에서 중국의 의료 시스템은 그 자체로 하나의 큰 이야기를 만든다. 내가 본 그 이야기를 기록하고 정리하여, 나만 아는 이야기를 다른 사람들과 나누고 싶은 마음에서 시작된 일이었다.

중국은 그 자체로 빠르게 변화하는 거대한 실험장이다. 그 변화의 속도는 그 어느 나라보다 빠르다. 경제적인 측면으로만 말할 수 없는 변화가 의료 분야에도 그대로 적용된다. 중국의 의료 시스템은 여전히 문제를 안고 있지만, 그 문제를 해결하려는 노력은 실로 대단하다. 내가 보고 겪은 바에 따르면, 그 변화의 속도는 우리가 상상하는 것 이상이다. 그 변화의 맥락을 정확히 이해하는 것은 우리에게도 큰 도움이 될 것이다. 그 변화를 흥미롭게 바라보면서, 우리는 그 속에서 무엇을 배울 수 있을지에 대해 고민해 봤다.

중국의 의료 시장을 살펴보면, 우리의 의료 시스템을 돌아볼 수 있는 새로운 시각이 생길 수 있다. 한국의 의료 수준은 상당히 높지만, 의료 시스템의 혁신적인 변화를 위해서는 새로운 시각이 필요하다. 의대 정원을 늘리는 문제를 놓고 우리 사회가 빚은 갈등과 의료 시스템 붕괴 위기는 많은 생각을 하게 한다. 중국이 보여 주는 의료 혁신은 자본주의 의료 시스템의 하나인 우리 의료에 신선한 물음을 던지게 만든다. 사회주의적 공공 의료 시스템을 근간으로 하고, 민간 의료를 보조 축으로 하는 그들의 속도, 그들의 혁신, 그 속에서 의료 시스템이 어떻게 변화할 수 있을지에 대한 질문들은 우리에게 중요한 시사점을 준다. 중국이 보여주는 빠른 발전 속도에서 무엇을 배울 수 있을지, 우리는 한 번쯤 진지하게 생각해 볼 필요가 있다.

중국은 여전히 의료 개발도상국이다. 하지만 사회주의 체제에서 의료를 운영하는 방식은 생각보다 더 많은 교훈을 준다. 우리의 의료 시스템이 전통적인 의미에서 발전했다면, 중국은 그 자체로 하나의 새로운 시도를 하고 있는 셈이다. 그들의 문제를 우리가 이해하는 것은 어렵지만, 그들의 고민을 진지하게 받아들이면 우리는 새로운 해결책을 발견할지도 모른다. 한국의 의료 시스템이 발전하는 과정에서 어떤 방향성을 가질지에 대한 물음은, 중국의 의료 시스템과의 비교 속에서도 의외의 답을 찾을 수 있을 것이다. 의료 공개념을 기본 바탕으로 하는 점이나 전통 중의와 양의를 이론과 임상, 처방의 측면까지 통합하고자 하는 중서의결합(中西医结合)의 노력은 특히 눈여겨볼 만하다.

이 책을 통해 나는 중국에 대해 호기심을 가진 사람들이 이 나라의 의료 시스템을 좀 더 깊이 이해할 수 있도록 돕고 싶었다. 단

기간의 출장이나 여행 중에 한 번이라도 중국 병원에 가 본 경험이 있는 사람들, 아니면 그런 일이 있을 수도 있는 사람들에게 이 책이 도움이 되길 바란다. 2024년 이후, 중국의 의료 시장이 본격적으로 개방되었다. 특히, 중국 의료 시장에 진출하려는 사람들에게, 중국 의료 시장의 큰 그림과 기본적인 개황을 알려 줄 수 있을 것이다. 아울러 중국 의료 시스템이 진정 원하는 것이 무엇인지 발견해 낼 수도 있다. 이 책이 그들에게 도움이 되기를 바란다.

이 책은 사실만을 나열하는 책은 아니다. 통계와 도표를 넣는 대신, 나는 이 책이 읽는 이들에게 이야기처럼 다가가기를 바랐다. 우리가 잘 아는 사실들을 나열하는 대신 실제로 중국의 의료 시스템이 어떻게 변화하고 있는지, 그 변화가 우리에게 어떤 영향을 미칠 수 있는지에 대한 흥미로운 질문들을 던지고 싶었다. 복잡한 숫자들보다는 그 속에 담긴 사람들의 이야기를 듣고 싶었기 때문이다. 그야말로 『중국 병원의 속살』을 보여 주고 싶었다. 의료 장비는 최고급이다. 세계적으로 유수한 의료 장비는 잘 갖추어져 있다. 하드웨어는 훌륭하나 의료 기술, 병원 경영 등의 소프트웨어나 휴먼웨어는 갈 길이 멀다.

이 책은 단지 의료 시스템에 관한 책이 아니다. 사회적 가치가 깃든 중국의 의료 시스템을 이해하는 책이다. 중국의 의료는 단지 의사와 환자만의 일이 아니다. 그것은 정부, 경제, 문화, 역사, 심지어 중국 사람들의 가치관과 철학, 욕망이 엮여서 만들어 낸 사회적 결과다. 그 결과를 제대로 이해하는 것만으로도 우리는 그들의 사회적 고민을 읽어 낼 수 있을 것이다. 그 속에서 얻은 깨달음은 단순한 정보 습득에 그치지 않는다. 그것은 결국 우리가 지금 이 순간, 우리의 의료 시스템을 어떻게 바라보고, 무엇을 고쳐야 할지에 대한 새로운 시각을 제공할 것이다.

  또한 이 책은 중국 의료 시스템의 현황과 문제들을 있는 그대로 보여 주지만, 그것들을 다름과 차이로 설명하려는 의도는 전혀 없다. 나는 그들의 고민과 문제를 그대로 이해하려 했고, 그 속에서 우리가 배울 점이 있을 거라고 믿었다. 그런 의미에서 이 책은 중국 의료 시스템에 대한 여행이자 탐험이다. 이 여행을 통해 독자들이 재미와 더 넓은 시야를 얻기를 바란다.

2025년 7월
도봉산 기슭에서
梦山(몽산) 고천석
wooha37@naver.com

차례

추천의 말 +4

저자의 말 +16

제1부 중국 의료의 역사적 맥락

전통의학과 민간요법의 뿌리 +28
공산화 이전의 의료 체계 +31
중화인민공화국 수립 이후의 의료 정책 변화 +34
대약진운동~문화대혁명기 의료 상황 +37
개혁개방 이후 시장화의 물결 +40
21세기 이후 의료 현대화의 흐름 +43

제2부 의료 정책과 제도

국가 의료 정책의 발전 방향	**+ 48**
중앙 vs 지방의 의료 거버넌스	**+ 52**
〈건강중국2030〉과 의료 체계 개편	**+ 56**
의료 서비스 품질 관리 및 평가 제도	**+ 60**
의료 기술과 규제 기관 NHC, NMPA	**+ 64**

제3부 병의원 시스템과 의료기관 현황

3급 병원, 2급 병원, 1급 병원 체계	**+ 70**
공립 vs 민간 병원의 역할	**+ 74**
도시와 농촌 간 의료 격차	**+ 77**
커뮤니티 건강센터	**+ 81**
병원의 행정 구조 및 운영 방식	**+ 84**
비의사 병원 원장	**+ 88**

제4부 의료 인력과 교육

의사가 되기까지, 그 길고 긴 여정	+ 96
일반의, 전문의 그리고 중의사	+ 99
레지던트 훈련, 의사의 마지막 관문	+ 103
의료인의 수급 문제와 과로	+ 107
다기관 진료의 현실	+ 111
의료 윤리 및 사회적 이미지	+ 117

제5부 의료보험 제도와 재정 구조

중국의 주요 의료보험 종류	+ 122
의료비 보장 수준 및 격차	+ 126
보험 정산 및 의료기관 재무 구조	+ 130
민간의료보험과 상업보험시장	+ 134
의료 재정의 지역 간 불균형	+ 138

제6부 의료 수요와 환자 행동

인구 고령화와 만성질환 증가	+ 142
1차 의료기관의 이용 저조 문제	+ 145
대형병원 쏠림 현상	+ 149
환자의 의료 정보 활용 및 디지털화	+ 152
환자-의사 간 갈등과 신뢰 위기	+ 155

제7부 의료 관련 산업과 혁신

제약산업 구조 및 정책	+ 160
의료 기기·기술의 발전과 규제	+ 164
스마트 헬스·원격 진료 플랫폼 성장	+ 168
민영 병원과 해외 자본의 진출	+ 172
의료+AI, 바이오, 클라우드 데이터 연계 현황	+ 176

제8부 의료 소비자들의 인식과 문화

체면과 명의(名医) 선호 문화　　　　　　+ 180

건강 소비와 양생 열풍　　　　　　　　+ 183

민간요법 및 중의학에 대한 인식　　　　+ 187

의료 소비자 권리와 제도적 보장　　　　+ 191

의료 정보의 신뢰와 선택 기준　　　　　+ 195

제9부 중국 의료의 미래 과제와 전망

지역 간 불균형 해소 전략　　　　　　　+ 200

고령사회 대응과 커뮤니티 케어　　　　+ 203

공공 의료와 민간 의료의 역할 재정의　　+ 206

국제 협력과 글로벌 헬스 산업의 연계　　+ 209

의료 정의와 사회적 신뢰 회복　　　　　+ 213

제1부

중국 의료의 역사적 맥락

전통의학과 민간요법의 뿌리

중국의 의료를 이야기할 때, 우리는 먼저 아주 오래된 시간 속으로 들어가야 한다. 그러니까, 병이라는 게 생기고 사람들은 그것을 고쳐 보겠다고 애를 쓴, 그 시작점 말이다. 사람들은 몸이 아프면 일단 자연을 바라보았다. 왜냐하면 인간이 자연의 일부라고 믿었기 때문이다. 중국 전통의학, 흔히 말하는 '중의학(中醫)'은 바로 이런 철학에서 출발한다.

이 의학은 병을 병균 때문이라고 보지 않는다. 몸 안의 기(氣)가 흐르지 않거나, 음과 양의 균형이 깨졌을 때 생기는 현상이라고 본다. 가령, 열이 나는 건 외부에서 바이러스가 들어와서가 아니라 체내의 불균형이 만들어 낸 결과다. 이쯤 되면 의학이라기보다는 철학에 가깝다. 그런데 철학, 그러니까, 그냥 생각만으로 끝난 게 아니다. 사람들은 그것을 진단과 치료의 체계로 발전시켰다.

가장 대표적인 게 《황제내경(黃帝內經)》이라는 책이다. 기원전 3세기쯤 쓰인 이 책은 오늘날 중의학의 근간이 된다. 여기에는 장기들의 역할, 경락의 흐름, 맥을 짚는 방법까지 적혀 있다. 이후에도 《상한론》, 《본초강목》 같은 의서가 나왔고, 약초의 효능부터 병의 원인과 처방까지 점점 세분화되었다. 하지만 모든 사람들이 이런 고전 의서를 공부했던 건 아니다. 대부분의 사람들, 특히 농촌에 사는 평범한 백성들은 민간요법에 의존했다. 집집마다 내려오는 '비방(秘方)'이 있었고, 마을마다 '토의(土醫)', 그러니까 동네 의원들이 있었다. 병이 나면 약초를 달여 마시고, 침을 맞고, 뜸을 뜨고, 부항을 뗐다. 무슨 병인지 정확히 몰라도, 그렇게 하면 좀 나아졌던 것이다. 물론 그중엔 과학적으로 설명하기 어려운 방법도 많았다. 부적을 태워 물에 타서 마신다든가, 무속 의식을 한다든가 하는 것도 있었다. 그러나 당시 사람들에게 그것은 의료 행위였다. 믿음은 곧 치료였고, 마을 공동체의 경험은 의학보다 우선하는 진실이었다.

중의학과 민간요법은 함께 발전했다. 도시에는 유학자나 관료 집안 출신의 중의사가 있었고, 시골에는 손맛으로 병을 다스리던 노의사들이 있었다. 누구는 경서를 외우며 진맥을 하고, 누구는 풀을 캐어 달였다. 이 둘은 서로 충돌하기도 했지만, 대체로 공존했다. 오늘날 중국 정부는 중의학을 국가의 문화유산으로 지정하고 세계에 알리려 한다. 실제로 중의학 대학도 많고, 병원도 운영된다. 세계보건기구(WHO)도 중의학을 대체의학으로 인정했다. 하지만 서양의학과 비교할 때, 과학적 근거 부족이나 임상 자료 부족이라는 비판도 많다. 그럼에도 불구하고 중국 사람들은 여전히 병원에 가면서 동시에 중의학을 찾는다. 몸이 허하면 보약을 먹고, 기침이 나면 배즙을 마시고, 감기에는 '은교산(銀翹散)'을 찾는다. 그것은 치료를 넘어선 문화고, 오랜 시간 동안 축적된 생활의 지혜다.

중국 의료의 역사를 말하려면, 바로 이곳에서 시작해야 한다. 인간과 자연, 몸과 마음이 하나라고 믿었던 그 시절. 이 오래된 철학과 경험의 축적은 지금도 중국인의 건강 인식 속에 고스란히 살아 있다. 그것이 바로 중국 의료의 뿌리다.

공산화 이전의 의료 체계

중국이 공산주의 국가가 되기 전, 그러니까 1949년 이전의 의료 상황을 한마디로 말하자면 '극심한 불균형'이었다. 도시와 농촌, 귀족과 평민, 한족과 소수민족, 누구냐에 따라 받을 수 있는 의료는 완전히 달랐다. 어떤 이들은 유럽식 병원에서 청진기를 통해 진단을 받았지만, 더 많은 이들은 산 너머 약초꾼에게로 발길을 돌렸다.

청말(淸末) 무렵, 서양물이 들어오면서 '의학'도 함께 들어왔다. 선교사들이 중국 각지에 병원을 세우고, 의학교를 운영하기 시작한 거다. 가장 대표적인 게 상하이, 톈진 같은 개항장에 생긴 선교 병원들이다. 이 병원들은 처음엔 종교 활동의 연장이었지만, 점차 도시 엘리트들 사이에서 명성을 얻었다. 이 시기부터 '서양의학'이라는 말이 생기고, 기존의 중의학과는 다른 체계로 인식되기 시작했다. 하지만 이런 변화는 대도시, 그것도 일부 계층에 국한된 얘기였다. 당시 중국 인구의 80~90%는 농촌에 살았고, 이들은 여전히 민간요법이나 중의에 의존해야 했다. 국가 차원의 의료 시스템 같은 건 존재하지 않았다. 각 지역의 방침, 각 가문의 전통, 그게 곧 의료의 전부였다.

중화민국이 수립된 이후에도 상황은 크게 달라지지 않았다. 국민당 정부는 나름대로 보건 행정기관도 만들고 공중보건 정책도 수립하려 했지만 내전과 전쟁이 끊이지 않았고, 행정력이 약해 실행은 어려웠다. 가령, 방역과 예방접종 캠페인을 시작한 적도 있었지만, 정작 시골 사람들은 그게 뭔지도 몰랐다. 의료 인력도 턱없이 부족했다. 교육받은 의사는 대부분 대도시에 집중됐고, 농촌엔 거의 없었다. 어떤 지역은 의사 한 명 없이 수천 명이 사는 경우도 흔했다. 이러다 보니 약장수나 무자격 '돌팔이'들이 사람들의 마지막 희망이 되기도 했다.

또 하나 눈여겨볼 점은 '의학 교육'이다. 서양의학을 가르치는 의학교가 생기긴 했지만 숫자가 적었고, 들어가기도 어려웠다. 중의학은 대부분 스승 밑에서 제자 수업을 받는 방식이었다. 국가 차원의 공식 자격 제도는 없었다. 말하자면, '의사'란 직업이 제도화되지 않은 상태였던 것이다. 그 결과, 당시 중국의 의료는 말 그대로 '운에 맡기는' 수준이었다. 운이 좋아 좋은 의사를 만나면 살았고, 그렇지 않으면 집에서 달인 약초를 마시거나 기도에 의존해야 했다. 이런 경험은 중국 대중의 건강 인식에도 깊은 영향을 미쳤다. 의료는 국가의 책임이 아니라 개인의 운과 가족의 몫이라는 생각이 강했다. 이런 배경은 이후 중국 공산당이 의료를 '국가가 책임져야 할 일'로 바꾸는 데 결정적인 근거가 되었다. 혁명 이후 등장한 '농촌 의사', '협동 의료', '예방 중심 보건정책' 등은 모두 이 시기의 빈약했던 현실에 대한 반작용이라 할 수 있다.

그러니까 공산화 이전의 중국 의료를 이해하는 일은 단지 과거를 돌아보는 데 그치지 않는다. 오히려 그 열악했던 현실이 어떻게 오늘날 중국의 의료 정책을 형성하는 토양이 되었는지를 이해하는 데 핵심적인 열쇠가 된다. 그 시절 중국에서 병든다는 건 단순히 아픈 걸 넘어 삶의 모든 것을 잃는 일이었다.

중화인민공화국 수립 이후의 의료 정책 변화

1949년, 중화인민공화국이 수립되면서 중국 사회는 거의 모든 영역에서 새판 짜기에 들어갔다. 의료 역시 예외는 아니었다. 사실, 공산당이 정권을 잡기 전부터 그들은 '의료는 인민의 권리'라고 주장해 왔다. 단지 말로만 그런 게 아니라 해방구에서 실험적으로 운영하던 '적각의사(赤脚医生, 맨발의사)'나 '집체진소(集体诊所, 집단진료소)' 같은 제도들이 있었다. 중앙정부가 세워진 이후엔 그 실험이 전국적으로 확산되었다. 우선, 국가가 의료를 직접 통제하고 주도하기 시작했다. 병원은 국유화되었고, 의사들은 공무원처럼 국가의 지시에 따라 근무했다. 민간의료기관은 빠르게 정리되었고, 모든 의료는 계획경제 체제 아래에 놓이게 된다.

이 시기의 핵심은 세 가지다. 하나, '예방 중심' 보건 정책. 둘,

'농촌 보건 체계의 구축'. 셋, '의료의 평등한 접근성'. 사실상 모든 보건 정책이 이 세 방향으로 흘러간다고 보면 된다. 특히 눈여겨 볼 건 '예방'에 대한 집착이다. 왜냐하면 치료보다 싸고, 빨랐기 때문이다. 중국은 당시 경제력이 턱없이 부족했기 때문에 대규모 병원 건설이나 고급 의료 장비 도입은 불가능했다. 대신 기생충 퇴치, 말라리아 방제, 전염병 차단 등 '질병이 생기기 전에 막는' 방식이 훨씬 현실적인 선택이었다. 예를 들어, 1950~60년대엔 거의 전 국민이 기생충 약을 먹었다. 시골에서는 보건요원이 직접 마을을 돌며 진드기나 모기 서식지를 소독했다. 이런 '집단 예방 캠페인'은 당시 중국 보건의 상징이었고, 지금도 중국 사람들 중 일부는 그것을 일종의 공동체 의식으로 기억한다. 또 하나 중요한 변화는, 농촌 의료 체계의 시작이었다. 정부는 도시 중심의 의료 인프라를 농촌으로 확산시키기 위해 단기간에 교육받은 '맨발의사'를 양성했다. 이들은 고등 교육을 받진 않았지만, 간단한 진단과 처방, 예방 교육을 맡아 농촌 의료의 1차 방어선 역할을 했다.

　이러한 체계는 '삼급 의료 네트워크'라는 구조로 발전했다. 마을엔 위생소, 향진엔 진료소, 현급에는 병원이 위치하는 구조다. 이 시스템 덕분에 최소한의 의료 접근성이 전국적으로 보장되기 시작했다. 다만, 이 모든 건 국가가 직접 운영하고 관리했기 때문에 시장 원리는 거의 없었다. 의료는 철저히 '사회주의 복지'의 일부였고, 비용은 매우 낮거나 무료였다. 대신 의료서비스의 질이나 다양성은 제한적일 수밖에 없었다. 중국 공산당은 이런 의료 정책을 자랑스러워했다. 특히 농촌에서의 성과는 세계적으로도 주목받았다. 1978년 세계보건기구(WHO)는 '중국식 농촌의료모델'을 개발도상국의 이상적인 사례로 소개했다. '돈이 없어도 국민을 건강하게 만들 수 있다'는 메시지를 보여 준 셈이다. 물론, 문제도 있었다. 의료 인력의 질적 수준은 여전히 낮았고, 병원 간, 지역 간 격차도 존재했다. 하지만 당시 중국 정부는 '의료는 복지며, 국가가 책임지는 것'이라는 원칙을 흔들림 없이 유지했다.

 이 시기의 의료 정책 변화는 단순한 제도 개편이 아니라 국가와 국민 사이의 관계를 다시 쓰는 일이었다. '병들었을 때 어디로 가야 하는가?'라는 질문에 중국인은 이 시기를 지나면서 처음으로 '국가'라는 답을 떠올리게 된다. 그것이 바로, 이 시기의 가장 큰 변화다.

대약진운동~
문화대혁명기 의료 상황

 의료라는 건 기본적으로 안정된 사회를 전제로 한다. 위생, 예방, 치료, 이런 것들이 제대로 작동하려면 행정이 작동해야 하고, 사회가 어느 정도 예측 가능해야 한다. 그런데 1958년부터 1976년까지, 중국은 말 그대로 '예측 불가능'한 시간 속을 걸었다. 대약진운동과 문화대혁명이라는 두 개의 거대한 사회 실험이 그 배경이었다.

 대약진운동은 '쌀도 철도 세계 1등'이 되자는 구호 아래 시작됐다. 당시 정부는 생산력 향상을 위해 인민공사를 만들고, 철을 만들겠다며 솥단지까지 녹여 버렸다. 문제는 의료도 이런 과잉 동원의 틀 안에 들어갔다는 점이다. 예컨대, 위생운동이 정치운동처럼 변질되기도 했다. '네 가지 해충을 제거하자(四害)'라는 구호 아래 모기, 파리, 쥐, 참새를 박멸하자며 전국적인 캠페인이 벌어졌는데, 나중엔 생태계 파괴로 이어졌다는 얘기도 있다. 예방의학이 사회주의 열정과 결합되면서, 과학적 접근보다는 정치적 충성도가 우선시되는 분위기가 강해졌다. 게다가 대약진 시기엔 대기근이 닥쳤다. 수천만 명이 굶어 죽는 동안, 의료는 사실상 마비 상태였다. 치료 이전에 먹고사는 문제가 더 시급했던 것이다. 병원은 운영이 어려웠고, 약은 없었고, 의료진도 생계 때문에 병원을 떠나거나 농사에 동원됐다.

이후 1966년부터 시작된 문화대혁명은 상황을 더 복잡하게 만들었다. 이 시기는 '의료는 정치다'라는 말이 현실이 된 시기다. 의료계 엘리트, 특히 서양식 의학을 배운 의사들이 '자본주의 잔재'로 몰려 비판받았고, 많은 병원이 문을 닫거나 교육기관이 정지됐다. 심지어 의료대학 교수들이 비판 투쟁 대상이 되기도 했다. 그럼에도 불구하고, 이 시기 하나의 독특한 의료 모델이 등장한다. 바로 '맨발의사(赤脚医生)'다. 농촌에는 여전히 의사가 부족했고, 의료 수요는 컸다. 그래서 정부는 고등 교육을 받지 않은 젊은이들에게 단기 교육을 시키고, 그들을 농촌으로 파견했다. 맨발로 논밭을 다니던 이들이 간단한 진료와 예방 교육을 맡은 것이다.

맨발의사는 비판도 많았지만, 결과적으로 농촌의 의료 접근성을 획기적으로 바꿔 놓았다. 비용이 거의 들지 않고, 주민과 밀접한 위치에서 활동했기 때문에 농민들의 신뢰도 높았다. 이들은 중의학과 민간요법 그리고 일부 서양 의약품을 적절히 섞어 가며 치료를 했는데, 그것이 가능했던 건 당시 의료의 목적이 '완벽한 치료'가 아니라 '최소한의 생명 유지'였기 때문이다. 문화대혁명기 의료의 또 다른 특징은 '집단의학'이다. 병은 개인의 문제가 아니라 인민 집단 전체의 위생 문제로 간주되었다. 그래서 치료보다는 위생 운동과 예방 교육이 강조되었고, 병원은 개인이 아니라 집단이 관리하고 감시하는 공간이 되었다.

이 시기의 의료는 과학보다는 정치, 전문성보다는 평등, 치료보다는 예방에 더 방점이 찍혔다. 이상주의적 시도였고, 분명한 한계도 있었다. 하지만 그 와중에도 의료가 모든 인민에게 접근 가능해야 한다는 원칙은 놓지 않았다. 그것이 이 시기를 단순한 암흑기로만 보지 않게 만드는 이유다.

개혁개방 이후 시장화의 물결

1978년, 덩샤오핑이 집권하면서 중국은 '사회주의 시장경제'라는 기묘한 실험을 시작했다. 정치적으로는 여전히 공산당이 절대권력을 쥐고 있었지만, 경제 영역에선 시장의 손길을 허용했다. 이 흐름은 의료도 비켜 가지 않았다. 의료는 국가가 책임져야 할 복지라는 기존의 사회주의 원칙이 '효율성과 경쟁'이라는 이름으로 서서히 변화하기 시작한 것이다.

가장 먼저 일어난 변화는 의료 재정 구조의 전환이었다. 1980년대 이전까지만 해도 대부분의 병원은 국가나 집체(合作社)의 재정 지원을 받았지만, 개혁개방 이후에는 점차 '자체 수익'을 내야 하는 기관으로 바뀌었다. 쉽게 말해, 병원도 '장사'를 해야만 살아남을 수 있게 된 것이다. 이로 인해 병원들은 수익 창출을 위해 약값을 올리고, 고가 검사나 시술을 권장하기 시작했다. 과잉 진료라는 말이 이때부터 본격적으로 등장했고, 의사도 '봉사자'가 아닌 '전문직 종사자'로 인식되기 시작했다. 문제는 이런 변화가 도심 대형병원에선 빠르게 진행된 반면, 농촌과 빈곤 지역은 여전히 의료 사각지대에 머물러 있었다는 점이다. 의료보험 체계도 동시에 재편되었다. 이전의 집단농장 기반 협동의료(合作医疗)는 붕괴했고, 도시 노동자 중심의 '직장 의료보험'이 주요 틀이 되었다. 하지만 농민, 자영업자, 무직자 등 비공식 노동 인구는 그 혜택에서 제외되었다. 즉, 시장화는 더 많은 선택지를 주었지만, 동시에 계층 간 격차를 더욱 벌려 놓았다.

의학교육과 인력 양성도 변화의 물결을 탔다. 사범형 인재가 아닌, '경쟁력 있는 의료 전문가'를 키우는 방향으로 전환됐다. 의대 입시의 문턱은 높아졌고, 대형병원 인턴십은 명문대 출신자들이 독식하는 구조가 되었다. 의사는 이제 단순한 국가 배치 대상이 아니라, 능력과 실적으로 평가받는 전문가로 변신한 것이다.

또 하나 중요한 변화는 민간 의료기관의 등장이다. 정부는 1990년대 후반부터 민간 자본의 의료기관 설립을 허용했다. 이후 사립병원, 전문 클리닉, 건강검진센터 등이 우후죽순처럼 생겨났다. 물론 이들 중 상당수는 영리 추구에 치우쳤고, 의료 품질보다

마케팅과 수익을 우선시했다는 비판도 많았다. 그러나 환자 입장에서는 '선택권'이 늘어난 것도 사실이었다. 다만, 이 시장화의 물결은 의료의 본질적 질문을 던지게 만들었다. 병원이 돈을 벌어야 한다면, 그 병원은 과연 아픈 사람에게 진심일까? 약을 많이 팔아야 살아남는 구조 속에서 의사는 환자의 건강보다 병원의 수익을 먼저 생각하게 되지 않을까? 실제로 이런 물음은 2000년대 초·중반 중국 사회 전반에 걸쳐 큰 사회적 이슈로 떠올랐다.

개혁개방 이후의 의료는 두 얼굴을 갖게 되었다. 하나는 현대화된 병원, 최첨단 장비, 세계적 수준의 진료 서비스를 제공하는 모습. 또 하나는 병원비 걱정에 치료를 미루는 농촌 노인, 보험 사각지대에 놓인 도시빈민의 현실. 이 양극화가 바로 중국 의료의 새로운 과제가 되었고, 다음 장에서 다룰 '의료 현대화'시기의 개입이 본격화된 배경이 되었다.

21세기 이후
의료 현대화의 흐름

2000년대에 들어서면서 중국은 스스로에게 질문을 던졌다.

"우리는 정말 의료 강국인가?"

경제는 세계 2위로 치솟고 도시엔 마천루가 즐비해졌지만, 병원 응급실에서 환자가 의사를 폭행하는 사건은 끊이지 않았다. 대형 병원 대기실엔 새벽부터 줄 선 사람들이 넘쳐났고, '간호사한테 돈 봉투를 안 주면 수술이 지연된다'는 소문도 돌았다. 이것이 바로 개혁개방 30년이 남긴 의료의 민낯이었다.

2003년, 사스를 계기로 정부는 뒤늦게 공공의료의 중요성을 다시 자각했다. 감염병 대응에서 민간 병원은 속수무책이었고, 농촌의 방역 체계는 붕괴 직전이었다. 이를 계기로 중국 정부는 '공공보건 시스템 복원'과 '기초 의료 강화'를 정책의 우선순위로 올

러놓았다. 2009년, 드디어 전면적인 의료 개혁(医改)이 선언됐다. 이 개혁의 핵심은 '기본은 국가가 책임지고, 선택은 시장에 맡기자는 것이었다. 즉, 모든 국민이 최소한의 의료 서비스를 받을 수 있도록 보장하되, 고급 진료나 전문 치료는 민간과 경쟁 구조 안에서 제공하겠다는 이중 전략이다.

의료보험 보장 범위는 대폭 확대되었다. 농촌 지역엔 '신형 농촌 협동의료(新农合)'가 도입되었고, 도시 비공식 취업자와 노년층을 위한 '주민의료보험'도 생겼다. 이로써 거의 전 국민이 어느 정도 의료보험 틀 안에 들어오게 되었다. 물론 실질적인 보장 수준은 여전히 불균형하지만, '무의보' 상태에 놓인 사람은 급감했다. 정보기술도 의료 현대화의 핵심 도구가 되었다. 중국은 빠르게 전자의무기록, 원격 진료, 건강 앱 등을 도입하면서 디지털 헬스케어 분야에서 세계적으로도 앞서가는 모습을 보였다. 특히 알리바바, 텐센트 같은 거대 IT 기업들이 헬스케어 시장에 진입하면서 병원 예약 시스템부터 약 배달 서비스까지 민간 주도의 혁신이 확산되었다.

또한 정부는 '의료취약지 개선'을 위한 지역 간 의료 협력체계를 구축했다. 상급 병원의 의사가 하급 병원에서 순회 진료를 하도록 하고, 도시의 병원이 농촌 병원과 원격 진료를 연계하는 방식도 도입되었다. 이는 '의료 자원의 집중'을 완화하려는 노력의 일환이었다. 그러나 여전히 해결되지 않은 문제가 있다. 의사-환자 간의 불신, 고질적인 과잉 진료 그리고 공공 의료와 민간 의료의 경계 등이다. 특히 '의료는 서비스인가, 권리인가?'라는 질문은 아직도 답이 분명하지 않다. 중국 의료는 지금, '기술은 앞서가고 제도는 따라가는' 구조 속에 있다. 로봇 수술, AI 진단, 유전자 분석까지 가능한 의료 기술이 있지만, 지방 병원에선 소독약이 부족한 일도 벌어진다. 공공 병원 의사들은 과도한 업무와 낮은 보수에 시달리는 반면, 민간의료기관은 고가의 검진과 미용 중심의 서비스로 고소득층을 유혹한다.

중국이 향하는 의료의 미래는 단순한 현대화가 아니라 '의료의 정의를 다시 묻는 일'이다. 과학 기술이 아무리 발달해도, 병든 사람 앞에 설 수 있는 사람은 결국 또 다른 사람일 수밖에 없다. 의료는 서비스이기도 하지만, 공동체가 지켜야 할 마지막 안전망이기도 하다. 중국은 지금 그 안전망을 더 튼튼하게, 더 공정하게 짜기 위해 고심 중이다.

제 2 부

의료 정책과 제도

국가 의료 정책의 발전 방향

중국이 언제부터 '국민 건강'이라는 말을 진지하게 꺼내기 시작했는지 생각해 보자. 사실 그리 오래되지 않았다. 오랫동안 중국의 의료 정책은 '생존'과 '통제'에 초점이 맞춰져 있었다. 기초 위생, 전염병 통제, 출산 관리 같은 것들 말이다. 하지만 21세기에 접어들면서 판이 달라졌다. 경제력이 올라가고, 기대 수명이 늘어나고, 사람들 눈높이가 높아지자, 중국 정부도 의료 정책의 방향을 바꿔야 했다. 단순히 질병을 치료하는 것이 아니라 '삶의 질을 지키는 일'이 되어야 했다.

이 변화를 상징적으로 보여 주는 키워드가 바로 '건강중국(健康中國)'이다. 2016년 국무원은 〈건강중국2030〉이라는 중장기 계획을 내놓았다. 여기서 중국은 이렇게 선언한다.

"건강은 발전의 필수 조건이자 국민 행복의 기초며, 사회 진보의 상징이다."

과거의 '생산력 중심 국가'에서 '삶의 질 중심 국가'로 전환하겠다는 의지를 드러낸 셈이다. 의료 정책의 발전 방향도 자연히 바뀌었다.

첫째는 공공 의료 강화다. 개혁개방 이후 의료 시장화가 지나치게 진행되면서, '돈 없으면 병도 못 고친다'는 말이 일상화됐다. 정부는 이를 시정하고자 공공 병원에 더 많은 예산을 투입하고, 지역 기초 의료기관(특히 향진(街道) 클리닉)을 정비하는 데 힘을 쏟기 시작했다. 둘째는 예방 중심으로의 전환이다. 전에는 병이 나면 병원에 가서 치료받는 구조였다면, 이제는 아예 병에 걸리지 않게 하는 것이 정책 목표다. 그래서 건강 검진, 운동 장려, 식습관 개선, 금연 캠페인 같은 공공보건 활동이 의료 정책의 한 축을 차지하게 되었다. '질병 의료'에서 '건강 관리'로의 패러다임 전환이라고 할 수 있다. 셋째는 정보화와 스마트 헬스다. 중국은 디지털화에 관한 한 놀라운 추진력을 보여 준다. 의료도 예외가 아니다. '인터넷+의료' 정책하에, 전자의무기록(EHR), 원격 진료, 모바일 건강 앱, 온라인 약국 등이 급속도로 확산되고 있다. 특히 코로나19를 겪으면서 비대면 진료와 AI 진단은 정책의 전면으로 올라섰다.

넷째는 형평성과 접근성 개선이다. 도시와 농촌, 동부와 서부, 공공과 민간 간의 격차가 너무 크기 때문이다. 정부는 '어디서나 최소한의 진료는 받을 수 있어야 한다'는 기본 원칙을 내세우며, 의료 자원을 지방에 재분배하려 애쓰고 있다. 상급 병원이 하급 병원에 인력을 파견하고, 지방 의료기관에 장비를 지원하는 프로그램도 확대됐다. 다섯째는 의료비 부담 완화다. 의료보험 보장 범위를 점진적으로 확대하고, 의약품 가격을 국가가 통제하며, 고액 진료에 대한 재정 보조 제도를 강화하는 등, '비용 걱정 없이 병원에 갈 수 있는 나라'를 만들기 위한 정책이 추진되고 있다.

물론 아직 갈 길은 멀지만, 방향성은 분명하다. 그렇다면 이런 변화의 이면에는 어떤 철학이 있는가? 중국 정부는 더 이상 의료를 '개인의 문제'로 보지 않는다. 건강은 공공재며, 국가의 책임이라는 인식이 강해지고 있다. '의료는 복지인가, 산업인가'라는 오래된 질문에 대해 중국은 '둘 다'라고 답하려 한다. 즉, 공공의 기본 틀 안에서 민간 자본의 효율성과 혁신을 끌어들이는 모델을 추구하는 것이다. 이런 전략은 나름의 논리를 갖고 있다. 공공 의료는 형평성과 안정성을 보장하고, 민간 의료는 다양성과 기술 혁신을 가져온다. 문제는 이 두 마리 토끼를 동시에 잡을 수 있느냐는 것이다. 시장에 너무 맡기면 돈이 건강을 결정하고, 국가가 너무 틀어쥐면 자원이 경직된다. 중국은 지금 그 균형점을 찾는 중이다.

중국 의료 정책의 발전 방향은 국민 건강이라는 거대한 목표를 향해 공공성과 혁신성을 조율하며 나아가는 여정이다. 누구도 완벽한 답을 갖고 있진 않지만, 적어도 중국은 지금 건강을 단지 의료의 문제가 아니라 국가의 미래 전략으로 바라보기 시작했다. 그리고 그것이야말로 진짜 변화의 시작일지 모른다.

중앙 vs 지방의 의료 거버넌스

중국을 이해하려면 꼭 기억해야 할 사실이 있다. 중앙집권 국가 같지만, 실제로는 지방 분권적인 운영이 많다는 점이다. 특히 의료 분야는 그 전형이다. '중앙이 기획하고, 지방이 실행한다'는 모델은 보기엔 합리적이지만, 현실에선 수많은 혼선과 차이를 낳는다. 이른바 중앙-지방 간의 의료 거버넌스 긴장이다.

중앙정부, 즉 국무원과 위생건강위원회(위건위)는 '큰 그림'을 그린다. 국가의료개혁방안, 〈건강중국2030〉 같은 전략 문서를 만들고, 전국 공공 병원의 표준을 정하고, 주요 법률과 규정을 입안한다. 국민에게 '이렇게 살자'고 방향을 제시하는 역할이다. 하지만 그 방향이 실제로 길이 되는지는, 각 성(省)·시(市)·현(县)의 실행 능력에 달려 있다. 예컨대 중앙에서 "기초 의료 강화"라는 정책을 세운다고 해 보자. 베이징은 곧바로 예산을 배정해 커뮤니티 헬스센터를 확충하고, 우수 의료진을 지원할 수 있다. 반면, 가난한 성(省)에서는 여전히 낡은 클리닉에 장비도 인력도 부족하다. 같은 나라, 같은 정책인데 삶의 질이 이렇게 다르다.

정책의 형평성은 중앙이 만들지만, 실행의 형평성은 지방이 좌우한다. 이런 구조는 행정 효율과 책임 소재에도 영향을 준다. 중앙이 정책 실패를 책임지는 경우는 드물다. 현장에서 문제가 터지면 지방정부가 질책을 받고, 병원장이 교체되는 식이다. 그래서 지방 관리들은 '문제를 숨기기'에 급급해지기도 한다. 그 결과, 데이터의 신뢰도가 낮아지고, 중앙은 현실을 오판하기도 한다. '정책의 이상'과 '현장의 현실' 사이에는 늘 미세한 왜곡이 존재한다. 또 하나 흥미로운 점은 재정권의 배분 문제다. 중국 의료 재정의 상당 부분은 지방정부가 부담한다. 공공 병원 운영비, 의료 보험 재정, 인건비 보조금까지 지방 예산이 투입된다. 중앙이 정책을 세우고, 지방에 "이대로 하라"고 지시하지만, 정작 돈은 지방이 책임진다. 이런 구조에서 "말은 중앙이, 행동은 지방이"라는 묘한 괴리가 생긴다. 사실상 각 성은 하나의 '작은 나라'처럼 의료 정책을 운영한다. 성별로 공공 의료 투입 비율이 다르고, 의료 보험 보장 범위도 다르며, 심지어 약값도 다르게 책정된다. 그 결과, 환자의 의료 경험은 사는 지역에 따라 달라진다. '중국에서 병이 나면, 어디에 사느냐가 치료 수준을 결정한다'는 말이 생겨난 배경이다.

지방의 자율성과 창의성은 때론 긍정적인 실험으로 이어지기도 한다. 저장성의 '인터넷+병원' 모델, 상하이의 '지역 협진 시스템', 쓰촨의 '농촌 이동 진료 차량' 프로젝트는 중앙 정책보다 앞서 나간 사례들이다. 정부는 이런 성공 사례를 발굴해 전국으로 확산시키려 한다. '파일럿 후 확대(先試点, 后推广)'가 중국식 개혁의 전형이다. 문제는 이런 자율성이 불균형을 고착시킬 수도 있다는 점이다. 경제력 있는 지역은 의료수준을 계속 끌어올릴 수 있지만, 그렇지 못한 지역은 도태된다. 특히 농촌과 서부 지역은 여전히 의사 부족, 시설 노후화, 낮은 의료 접근성이라는 3중고에 시달린다. '중국의 의료는 발전했다'는 말이 진실인지 아닌지는 그 지역에 가봐야 안다. 중앙-지방 의료 거버넌스의 복잡성은 코로나19 때도 드러났다. 초기엔 지방정부가 정보 공개를 꺼리면서 혼선이 있었고, 나중엔 중앙이 전면에 나서 강제 봉쇄를 단행했다. 이 과정에서 '책임은 누구에게 있느냐'는 논란이 있었다. 중앙과 지방이 조화롭게 협력해야 할 때, 오히려 책임 전가와 불협화음이 커질 수 있음을 보여 준 사례다.

이 모든 현실을 종합해 보면, 중국의 의료는 중앙의 통제력과 지방의 실행력 사이에서 줄타기하는 구조라고 할 수 있다. 어느 한쪽이 강해지면 다른 쪽이 불만을 갖고, 어느 한쪽이 약해지면 전체 시스템이 삐걱댄다. 이 균형을 잡아 가는 것이 중국 의료 개혁의 핵심 과제 중 하나다.

마지막으로 중요한 질문 하나, '환자 입장에서 이 구조는 얼마나 친절한가?' 안타깝게도 아직은 정책 중심의 시스템이지 사람 중심의 구조는 아니다. 중국 의료가 진정한 전환점을 맞으려면 거버넌스의 중심이 '정부'에서 '국민'으로 이동해야 한다. 그리고 그 길은 아직 한참 남아 있다.

〈건강중국2030〉과 의료 체계 개편

 2016년, 중국 국무원이 〈건강중국2030〉이라는 중장기 전략을 발표했을 때 사람들은 잠깐 고개를 갸웃거렸다. '경제 성장도 바쁜데 이제 건강까지 국가가 챙기겠다고?' 하지만 그건 단순한 구호가 아니었다. 이 정책은 단지 병원 몇 개 더 짓고 약값을 낮추겠다는 이야기가 아니다. 국민의 건강을 국가 발전 전략의 중심축으로 삼겠다는 야심 찬 선언이었다.
 우리는 흔히 '의료'라고 하면 병원, 약, 의사, 보험을 떠올린다. 하지만 〈건강중국2030〉은 개념부터 다르다. 여기서 말하는 건강이란, 삶의 모든 요소에 깃든 통합된 상태다. 식습관, 운동, 환경, 노동 조건, 교육, 문화…. 다시 말해, '건강은 병원 안이 아니라 우리 삶 전체에서 만들어진다'는 철학이다. 이 철학을 정책으로 구현하려면 기존의 의료 체계를 근본부터 바꿔야 한다. 그 첫

단계는 의료 체계의 무게 중심 이동이다. 즉, 중증 치료 중심의 대형 병원 구조에서 벗어나 기초 의료(primary care)와 예방 의료(preventive care)를 중심에 놓는 것이다. '병나면 대형병원'이 아니라, '병나기 전에 지역 클리닉'으로 바꾸자는 얘기다. 하지만 말이 쉽지 이건 문화적 패러다임을 뒤집는 일이다. 중국 사람들은 여전히 '유명한 병원, 유명한 의사'를 선호한다. 그래서 상하이나 베이징의 3급 갑등병원(가장 높은 등급의 병원)에는 늘 환자가 넘쳐나고, 지역 보건소는 텅텅 비기 일쑤다.

이런 상황을 바꾸기 위해 정부는 의료 연합체(医联体), 의료 공동체(医共体) 같은 구조 개편을 도입하고 있다. 간단히 말해, 상급 병원과 하급 병원, 클리닉을 하나의 네트워크로 묶어 진료의 질과 효율을 높이겠다는 것이다. 환자가 기초의료기관을 먼저 방문하고, 필요한 경우 상급 병원으로 전원되는 '쌍향전환진료(双向转诊)'도 장려된다. 이는 의사의 역할뿐 아니라 의료 자원의 분배 방식도 재편한다는 의미다. 여기에 더해, 정보화 기반의 스마트 의료가 이 체계를 떠받치는 기둥이 된다. 각급 병원이 정보를 공유하고, 전자 의무 기록을 통합해, 환자가 어느 병원을 가든 진료 이력이 연결되게 한다. AI 진단 보조 시스템, 원격 진료 플랫폼, 모바일 건강 관리 앱 등도 적극 도입되고 있다. 중국 특유의 '빅데이터+통제력'이 이 분야에선 오히려 강점으로 작용하는 경우도 있다.

〈건강중국2030〉은 의료 서비스 자체뿐 아니라, 공공보건의 역할도 확대한다. 흡연율 감소, 비만 예방, 정신 건강 서비스 확대 같은 목표가 뚜렷하게 설정되어 있다. 가령 2030년까지 중국인의 평균 수명을 79세로 끌어올리겠다는 구체적인 목표도 있다. 이를 위해 학교 체육, 도시 보건 인프라, 노인 돌봄 시스템 등 타 부문과의 협업도 강화되고 있다. 문제는 '이런 큰 그림이 현실과 얼마나 가까운가'다. 중국은 여전히 지역 간 격차, 의료 인력 부족, 보험 사각지대, 민간병 원과 공공 병원 간의 경쟁 구조 같은 문제를 안고 있다. 정책은 앞서가고 있지만, 사람들의 인식이나 현장의 준비는 그 속도를 따라가지 못하는 경우도 많다.

그럼에도 불구하고 방향은 분명하다. '더 많은 병원을 짓는 게 아니라, 아프지 않게 만드는 것'이 국가가 해야 할 일이라는 인식이 자리 잡고 있다. 어쩌면 〈건강중국2030〉은 단순한 정책 문서가 아니라, 중국식 복지 국가로 가는 한 걸음일지도 모른다. '건강'을 전 국민에게 보장하겠다는 약속은 단순한 의료 개혁이 아니라 사회 계약의 진화다. 그리고 그런 국가적 약속이 가능하려면 시민 역시 자신이 책임져야 할 몫을 자각해야 한다.

〈건강중국2030〉은 정부 혼자 이뤄 낼 수 있는 비전이 아니다. 의료 체계 개편도, 공공보건도 국민의 인식 변화 없이는 불가능하다. 정책이 만든 변화가 진짜가 되는 건, 그것이 사람들의 삶 속에 스며들었을 때다. 그리고 그 길은 길지만, 방향만큼은 분명하다. 중국은 이제 '병든 나라에서 건강한 나라로' 가는 여정을 막 시작한 셈이다.

의료 서비스 품질 관리 및 평가 제도

 우리는 병원에 가면 이렇게 기대한다. '의사가 실력 있겠지', '병원 시스템이 잘 돼 있겠지', '치료가 잘 되겠지'. 그런데 이런 '당연한 기대'가 실제로는 누군가의 끊임없는 점검과 평가 위에 세워진 것이라면, 어떨까? 중국도 이제 그 '당연함'을 제도화하려는 노력을 본격적으로 하고 있다. 의료 서비스의 품질, 그 관리와 평가는 의료 시스템의 신뢰를 만드는 핵심 열쇠다.

 중국에서 의료 서비스의 질은 오랫동안 '병원 규모'나 '의사 수' 같은 양적 지표로 판단되곤 했다. 예를 들어 '3급 갑등병원(三级甲等医院)'이라는 말이 바로 그 결과다. 병원의 등급은 의료진 수, 장비 수준, 병상 수, 진료 과목 등을 기준으로 매겨진다. 이 제도는 1980년대부터 도입되었고, 지금까지도 병원의 사회적 '신분증' 역할을 하고 있다. 하지만 '크다고, 이름값 있다고' 반드시 질이 좋은 건 아니다. 환자 중심의 진료 경험, 의료 안전, 오진율, 치료 효과, 환자 만족도 같은 정성적 지표는 여전히 관리의 사각지대에 있었다. 병원이 환자를 잘 진료했는지보다는, 얼마나 많은 환자를 받았는지가 평가의 기준이 된 경우가 많았다.

이런 구조를 바꾸기 위해 중국 정부는 최근 몇 년간 의료 품질 관리 시스템을 정비해 왔다. 특히 국가위생건강위원회는 '의료 서비스 품질 평가지표체계(医疗服务质量评价指标体系)'를 발표하고, 전국 병원에 공통 기준을 적용하려는 시도를 하고 있다. 병원들은 이제 단순한 물리적 조건을 넘어서 의료 성과 기반 평가(MBO)로 이동 중이다. 예를 들어 환자 회복률, 수술 후 합병증 비율, 재입원율, 감염 통제 실적, 사망률 등이 주요 평가 항목으로 들어간다. 이 지표들은 통계로 관리되고, 일부는 대중에게 공개되기 시작했다. 환자는 이제 '어디가 3급 병원이냐'보다 '어디가 질적으로 신뢰할 만한 병원이냐'를 기준으로 병원을 고르게 된다. '의료도 경쟁의 시대'가 된 것이다. 의료인 개인에 대한 평가도 강화됐다. 과거에는 명의(名医)라는 말이 '경력'과 '평판'의 전유물이었지만, 이제는 표준화된 진료 지침과 결과 중심의 의사 평가제가 도입되고 있다. 예컨대 암 환자를 진료하는 종양내과 의사의 경우, 어떤 진료 패

턴을 보이는지, 최신 치료 가이드를 얼마나 반영하는지까지 데이터로 분석된다. 의료 품질 평가는 단지 병원만을 평가하는 도구가 아니다.

이 시스템은 궁극적으로 정부의 의료 감독 능력을 보여 주는 거울이다. 그래서 정부는 '국가 의료 품질 관리 플랫폼'을 만들고, 각급 병원의 실적을 디지털화하고 있다. 이는 단지 행정 편의를 위한 것이 아니라 의료 서비스의 투명성을 높이기 위한 시도다. 또 하나 흥미로운 점은, 중국은 환자 경험(patient experience) 지표 도입에도 속도를 내고 있다는 것이다. 예컨대 대기 시간, 의사와의 의사소통 만족도, 진료 환경, 설명의 명확성 같은 요소가 병원 평가에 들어간다. '친절한 병원', '설명 잘하는 병원'이 좋은 병원으로 인식되기 시작했다는 의미다. 이는 단순한 문화 변화가 아니라 의료를 사람 중심으로 전환하려는 제도적 노력이다. 그렇다고 이 시스템이 완성 단계에 이른 건 아니다. 평가 기준의 지역 간 편차, 평가 결과의 공개 여부, 데이터의 조작 가능성 등 아직 넘어야 할 산은 많다. 일부 병원에서는 '지표 맞추기'를 위해 무의미한 문서를 늘리거나 실제 환자 경험과 동떨어진 형식적인 대응을 하기도 한다. 이건 어느 나라든 제도 초기엔 겪는 일이다. 중요한 건,

이 시스템이 점점 환자와 국민의 입장에서 설계되고 있다는 점이다. 의료의 품질을 높이는 일은 단지 '더 많은 병원, 더 많은 의사'가 아니라, 더 좋은 진료 경험으로 이어져야 한다. 그리고 이 변화는 느리지만 분명히 진행 중이다.

'좋은 의사가 곧 좋은 의료'라는 생각에서 벗어나, '좋은 시스템이 좋은 의료를 만든다'는 인식으로 옮겨 가는 것. 그것이 지금 중국 의료 품질 관리의 본질적인 변화다. 이 변화가 의료 현장에 스며들수록 '병원의 크기보다 환자의 얼굴'을 더 많이 바라보게 될 것이다.

의료 기술과 규제 기관 NHC, NMPA

세상은 갈수록 더 복잡해진다. 기술은 빨라지고, 신약은 쏟아지며, 의료 기기는 하루가 다르게 진화한다. 하지만 그런 변화가 진짜 우리를 건강하게 해 줄까? 중요한 건, 누군가 이 모든 흐름을 조율하고, 검증하고, 승인해야 한다는 사실이다. 기술이 마음껏 날뛰는 세상에선 제어하는 손이 더욱 절실하다. 중국 의료에서도 마찬가지다. 그 제어의 손, 바로 국가 규제 기관이다.

중국에서 이 역할을 가장 핵심적으로 수행하는 곳은 국가위생건강위원회(NHC)와 국가약품감독관리국(NMPA)이다. 이름만 보면 다소 딱딱하고 관료적인 느낌이지만, 실제로 이 기관들은 의료의 방향과 속도, 안전과 질을 통제하는 중앙 컨트롤 타워다. 먼저 NHC. 쉽게 말해, 중국 판 보건복지부라고 생각하면 된다. 국가위생건강위원회는 의료 정책 수립, 공공보건 기획, 병원 체계 운영,

전염병 대응, 의료 인력 배치 등 보건의료 전반을 아우른다. 코로나19 시기, NHC의 존재감은 전 국민에게 각인됐다. 매일 브리핑을 통해 확진자 수, 방역 방침, 이동 제한을 발표하던 그들이 바로 이 위원회다. 그런데 단지 행정만 하는 조직이 아니다. 이곳은 의료 기술의 표준을 정하고, 임상 지침을 배포하며, 의료기관들의 품질 관리도 감독한다. 예를 들어 어떤 암 치료법이 공식 표준으로 채택될지, 어느 진단 기기가 전국 병원에서 사용될 수 있을지는 NHC의 손을 거쳐야 한다. 기술은 과학자들이 만들지만, 정책으로 살아남는 기술은 이들의 허락을 받아야 한다는 얘기다.

그 옆에는 또 하나의 기관이 있다. 이름도 길고 생소한 국가약품감독관리국(NMPA, 国家药监局). 이곳은 말 그대로 신약, 의료 기기, 백신 등 모든 의료 제품의 '심판관' 역할을 한다. 미국의 FDA와 비슷한 기능이라고 보면 된다. 신약을 개발했다고? 먼저 NMPA의 임상시험 허가를 받아야 한다. 임상 1상, 2상, 3상을 거쳐 최종 허가를 받기까지는 까다로운 절차와 규정이 뒤따른다. 최근 몇 년 사이, NMPA는 의료 기기와 디지털 헬스 분야의 심사 속도와 기준을 크게 개편했다. AI 진단 시스템, 로봇 수술 장비, 원격 진료 플랫폼 등 신기술의 상용화를 위해 보다 유연한 규정을 도입하면서도 안전성과 효능에 대한 기준은 결코 낮추지 않겠다는 원칙을 고수하고 있다. 말하자면 '빠르게, 하지만 정확하게'를 동시에 추구하는 것이다.

이런 기관들이 등장하고 역할이 커지는 이유는 분명하다. 의료의 패러다임이 바뀌고 있기 때문이다. 과거에는 의사가 손으로 진단하고, 약방에서 조제를 하던 시절이었다면, 지금은 데이터 기반의 맞춤형 의료, AI 진단, 유전자 치료, 스마트 병원 시대로 접어들었다. 기술은 의료의 새로운 언어가 되었다. 그 언어를 제대로 해석하고 통제하지 못하면 의료는 오히려 위험한 도박이 될 수 있다. '첨단'이라는 말이 곧 '신뢰'를 의미하진 않는다. 신약이든 신기술이든 국민의 몸과 생명을 다루는 일에는 냉정한 잣대가 필요하다. 그래서 NHC와 NMPA 같은 기관들은 '혁신의 조력자'이자 '감시자'라는 이중적 역할을 수행하는 것이다.

다만, 이런 제도들이 항상 완벽한 것은 아니다. 규제의 속도가 기술보다 느릴 때도 있고, 지역 병원이나 민간 기업이 기준을 맞추지 못해 혼란이 생기기도 한다. 그리고 중국처럼 지역 간 격차가 큰 나라에선 수도 베이징과 농촌 병원 간의 기술 격차, 인식 차, 접근성 문제가 쉽게 해소되지 않는다. 이것이 중국 의료 기술

규제의 구조적 과제다. 하지만 분명한 건 있다. 중국은 이제 단순히 '기술을 받아들이는 나라'가 아니라 기술의 기준을 만드는 나라가 되려 하고 있다는 점이다. 신약 개발, AI 의료, 정밀의학 같은 분야에서 중국은 국제 규범의 형성자 역할을 자처하고 있다. '중국의 기술은 중국의 룰로 관리한다'는 의지가 점점 분명해지고 있는 것이다.

의료 기술은 무기를 쥔 외과의사처럼 강력하다. 그걸 어떻게 쓰느냐는 제도와 기관의 몫이다. 기술이 생명을 살릴 수도, 위협할 수도 있다는 사실을 잊지 않는다면, 우리는 오늘의 기술 속에서 내일의 의료를 안전하게 건너갈 수 있을 것이다.

제 3 부

병의원 시스템과 의료기관 현황

3급 병원, 2급 병원, 1급 병원 체계

한국 사람이라면 병원을 고를 때 대학병원, 종합병원, 동네의원 정도로 구분하는 데 익숙할 것이다. 중국도 비슷하다. 그런데 이쪽은 숫자가 붙는다. 1급, 2급, 3급 병원. 처음 들으면 무슨 영어 시험 등급 같지만, 알고 보면 중국 의료 시스템을 움직이는 기본 뼈대다.

이 등급 체계는 1950년대부터 서서히 만들어졌다. 인구가 많고, 지역 간 격차가 큰 중국에서 의료 자원을 합리적으로 배분하기 위해 병원의 규모와 기능에 따라 계층을 나눈 것이다. 요즘은 여기에 甲(갑), 乙(을), 丙(병)이라는 소분류까지 붙여 총 여섯 등급으로 운영된다. '3급갑등병원(三級甲等医院)'이라는 말, 이게 바로 중국에서 가장 크고 믿을 만한 병원이라는 뜻이다. 그럼 이 등급의 기준은 뭘까? 단순히 병상 수나 건물 크기만으로 나뉘지 않는다.

진료 과목 수, 전문 의사 수, 연구 능력, 교육 기능까지 종합적으로 평가된다. 예컨대 3급 병원은 대형 종합병원 또는 대학병원, 2급 병원은 중형 지역 병원, 1급 병원은 기본 진료 기관 정도로 이해하면 된다. 이 체계는 의료계의 피라미드다.

맨 아래는 1급 병원, 즉 동네 의원 수준이다. 흔히 '社区医院(커뮤니티 병원)'이라 불리며, 감기나 간단한 외상, 만성 질환 관리 같은 기본 진료를 담당한다. 의사 수도 적고, 진료비도 저렴하다. 하지만 신뢰도는 낮다. 주민들이 '정말 아플 땐 절대 가지 않는다'는 농담을 할 정도다. 그 위에 있는 2급 병원은 도시구급 병원으로, 입원 병상 100개 이상을 보유하고 있으며, 외과·내과·소아과 등 주요 과목을 다 갖추고 있다. 의료진 수준도 어느 정도 보장된다. 하지만 가장 중요한 건, 이 병원들이 '진료 연계의 허브' 역할을 맡고 있다는 점이다. 위로는 3급, 아래로는 1급과 연결되며, 환자 흐름을 조정한다. 그리고 이 피라미드 꼭대기에 있는 3급 병원은 중국 의료의 심장부다. 대학병원, 연구기관, 중증 전문 치료 센터, 심지어 외국인 환자 전용 부서까지 있다. 이곳의 의사들은 대부분 박사급, 중환자실과 수술실은 하루 종일 돌아간다. 환자는 여기서 진단받기를 원하고, 의사들도 이곳에서 일하기를 꿈꾼다.

하지만 문제가 있다. 모든 환자가 다 3급 병원으로 몰린다는 것이다. 감기 환자도, 단순 건강 검진도, 심지어 혈압약을 타는 일조차 3급 병원에서 해결하려는 경향이 있다. '믿을 수 있는 병원'에 대한 집착이 만들어 낸 풍경이다.

아침부터 병원 문 앞엔 줄이 늘어서고, 예약은 몇 주씩 밀린다. 의료 자원이 '상층부'에만 집중된 탓이다. 이를 해결하려고 정부는 최근 몇 년간 분급진료제도(分級诊疗制度)를 강하게 추진 중이다. 쉽게 말해, '1급 병원에서 먼저 보고, 필요하면 위로 보내라'는 시스템이다. 의료 피라미드를 거꾸로 뒤집지 말고, 위에서 아래로 자연스럽게 의료를 배분하자는 시도다. 하지만 환자 입장에서 이건 쉽지 않다. "아니, 나 몸이 이리 아픈데, 왜 큰 병원부터 가지 못하게 하냐"고 말한다. 의료에 대한 불신이 깔려 있으니 제도가 제대로 작동하지 않는 것이다. 그래서 정부는 1급 병원의 기능과 질을 높이고, 진료비 부담은 줄이며, 각 병원 간 정보 공유를 강화하려는 여러 시도를 병행하고 있다.

이 체계의 핵심은 신뢰다. 환자가 1급에서도 충분한 진료를 받을 수 있다고 믿게 만들고, 병원 간 역할 분담이 자연스럽게 이뤄지도록 해야 한다. 등급은 단지 숫자가 아니라 국가가 의료를 체계화하려는 노력의 결과다. 그 숫자 뒤엔 수많은 환자들의 선택과 불신, 기대와 불안이 녹아 있다.

공립 vs 민간 병원의 역할

사람은 아플 때 누구를 믿을까? 돈이 많은 사람은 최고급 민간병원을 찾고, 대다수 평범한 사람은 '믿을 수 있는 공립병원'을 먼저 떠올린다. 이 선택의 기준엔 단지 '진료비'만이 아니라, 그 병원이 사회와 맺고 있는 관계의 깊이가 들어 있다. 중국 의료 체계에서 '공립'과 '민간'의 차이는 그 관계의 무게에서 드러난다.

중국에서 공립 병원은 단순한 의료기관이 아니다. 그것은 국가가 건강을 책임지겠다는 사회 계약의 현장이다. 중화인민공화국이 수립된 이래, 모든 국민이 '기본적인 의료는 공공기관에서 보장받을 수 있다'는 인식을 심어 왔다. 3급 병원의 대부분이 공립이고, 인민병원(人民医院), 중의병원(中医医院), 제일병원(第一医院) 같은 간판이 붙은 병원들은 거의 다 정부의 지원을 받는다. 공립 병원은 기본적 의료 접근성을 보장하는 한편, 의료 정책의 실행 창구

이기도 하다. 예를 들어, 예방접종 확대, 전염병 통제, 농촌 의료 확충, 의대 실습 연계 등 거의 모든 국가 프로젝트는 공립 병원을 통해 이루어진다. 단순히 환자만 보는 곳이 아니라, '국가가 하는 의료'의 플랫폼이라 할 수 있다.

하지만 이 시스템에는 하나의 고질적 문제가 있다. '공공'이라는 명분이 곧 효율이나 품질을 보장하지는 않는다는 것. 공립 병원은 예산과 인력 배치에서 정부의 통제를 받는다. 그러다 보니 자율성이 떨어지고, 행정 절차는 느리며, 의사의 동기 부여도 약해질 수 있다. 특히 2선 도시나 농촌의 공립병원은 의료진 이탈, 인프라 노후화, 서비스 불만 등 구조적 어려움을 안고 있다. 이 틈새를 민간 병원이 파고들었다. 시장화 이후, 특히 2000년대 중반부터 민간 의료기관이 급증했다. 일부는 재벌 기업이 투자한 고급 의료 센터고, 또 일부는 영리 목적의 전문 클리닉이다. 민간 병원은 빠른 예약, 고급 시설, 맞춤형 진료로 중산층 이상의 환자층을 끌어들였다. 그리고 공립 병원의 느린 서비스에 불만이 있던 사람들에겐 '대안'이 되었다.

그러나 중국에서 민간 병원의 평판은 여전히 복합적이다. 일부 고급 병원은 외국인과 부유층을 대상으로 최고 수준의 진료를 제공하지만, 또 다른 한편에선 상업적 이익만을 추구하며 과잉 진료·허위 광고 논란에 휩싸이는 병원도 많다. '민간 병원은 돈 벌려고 존재한다'는 인식이 아직 널리 퍼져 있다. 정부도 이 두 축을 어떻게 조화롭게 운영할 것인가에 대해 고민 중이다. '의료는 공공재인가, 아니면 시장재인가?' 하는 질문에 중국은 '공공을 근간으로 하되, 민간도 유도하자는 현실적 답을 택했다. 최근엔 민간 병원의 투자 장벽을 낮추고, 사회 자본의 진입을 장려하는 정책도 잇따르고 있다. 동시에, 규제는 더욱 엄격해지고 있다. 이제 중국의 의료 현장은 공립과 민간이 경쟁과 협력을 동시에 펼치는 복합 구도다. 고급 진료, 첨단 검사, 외국 의사 초빙 같은 분야는 민간이 빠르게 진입하지만, 기본 진료, 감염병 통제, 중장기 만성 질환 관리 등은 여전히 공립 병원이 중심이다. 앞으로는 둘의 경계가 더 모호해질지도 모른다. 공립 병원에 민간 자본이 일부 들어오고, 민간 병원이 공공성과 사회 책임을 강조하는 방향으로 가고 있기 때문이다. 이름은 다르지만, 결국 환자의 신뢰를 얻는 쪽이 진짜 병원이라는 사실은 바뀌지 않는다.

중국 의료의 미래는 결국 이 두 병원의 긴장과 조화 속에서 진화할 것이다. 누구의 병원이든, 아픈 이에게 필요한 건 믿음과 치료다. 제도는 그 둘 사이를 잇는 다리를 놓아야 한다.

도시와 농촌 간 의료 격차

중국 사람들은 이렇게 말한다.

"돈이 없으면 병은 참아야 한다. 농촌에 살면 아프지 말아야 한다."

이 문장은 중국 의료의 민낯을 단 한 줄로 드러낸다. 바로 도시와 농촌, 지역 간 의료 격차라는 뿌리 깊은 현실이다.

중국의 의료는 그 규모나 인력 면에서 세계적으로 손꼽히지만, 문제는 그 분포가 지나치게 불균형하다는 데 있다. 예컨대 베이징, 상하이 같은 1선 도시는 최첨단 의료 기기, 국제 학위 보유 의료진, 대형 종합병원이 빼곡히 들어서 있다. 반면 시골 지역이나 서부 내륙은 아직도 '의사 한 명이 마을 전체를 담당하는' 경우도 많다. 이 불균형은 역사적 뿌리를 갖는다. 1950~60년대 농촌 지역에선 이른바 '촌의(村医)', 즉 '벌거벗은 의사(赤脚医生)'들이 주민 건강을 책임졌다. 이들은 정식 의학 교육을 받은 전문의가 아니라, 간단한 의약 지식과 열정을 바탕으로 활동했다. 당시엔 의료 기관이 부족하니 어쩔 수 없는 선택이었다. 개혁개방 이후 이런 구조는 점차 사라졌지만, 문제는 대체할 시스템이 충분히 마련되지 않았다는 것이다. 도시에는 경쟁이 있고 투자가 몰린다. 병원이 많고, 환자도 많고, 돈도 많다. 농촌은 그 반대다. 진료 수요는 있는데 시장성이 없고, 병원을 지어도 유지가 어렵다. 당연히 좋은 의료 인력은 도시로만 몰린다. 의대 졸업생 대부분은 3급 병원에서의 경력을 원한다. 의료 장비도, 교육 기회도, 급여도, 명예도 도시에 있기 때문이다.

정부도 이를 모르는 건 아니다. 2009년 의료 개혁 이후, 국가 정책은 줄곧 농촌 의료 강화에 초점이 맞춰져 있었다. 커뮤니티 건강센터 확대, 농촌 의료보험 확충, 이동 진료 차량 지원 같은 정책들이 잇달아 나왔다. 하지만 정책만으로 '신뢰'를 심기는 어렵다. 사람들은 여전히 '농촌 병원에선 약도 제대로 없고, 진단도 믿을 수 없다'고 생각한다. 또 하나의 문제는 환자의 '의료 이동성'이다. 병이 조금만 심해지면 농촌 주민들은 도시 병원으로 달린다. 친척의 집에 묵으며 병원 예약을 기다리고, 몇 달씩 도시에서 지내기도 한다. 이렇게 몰리는 환자들은 도시 병원의 부담이 되고, 농촌 병원은 더 텅텅 비게 된다. '의료 자원의 쏠림'과 '환자의 탈농촌화'가 맞물려 악순환을 만든다.

한편, 디지털 헬스케어 기술이 이 격차를 메울 열쇠로 떠오르고 있다. 원격 진료, AI 진단 시스템, 스마트 의료 기기 등이 농촌 지역에 시범 도입되고 있다. 대도시의 의사가 영상을 통해 진료하고, 검사 결과를 분석해 처방까지 내리는 시대가 열린 것이다. 실제로 일부 성(省)에서는 '인터넷 병원'이 농촌 의료의 구세주로 떠오르고 있다. 하지만 현실은 여전히 더디다. 원격 진료도 결국 현장에 의료 기기와 인력이 갖춰져 있어야 가능하다. 디지털 격차는 여전히 존재하고, 노년층은 스마트폰 사용조차 어려워한다. 의료는 결국 '사람과 사람의 신뢰'로 이루어지는 것이기에 기술만으로 모든 것을 바꿀 수는 없다. 그래도 변화는 시작됐다. 정부는 이제 '균형 발전'이라는 단어를 진심으로 입에 올린다. 농촌 의료기관에 대한 보조금, 의대생의 농촌 근무 의무화, 도시 병원의 농촌 지역 분원 설치 등 여러 시도가 이어지고 있다.

중국 의료의 미래는 이 도시-농촌 간 격차를 얼마나 좁히느냐에 달려 있다. 의료는 '가까운 곳에서, 믿고 진료받을 수 있는 시스템'이어야 한다. 어느 지역에 살든 아플 때 겁나지 않아도 되는 사회. 그것이야말로 진짜 '건강한 중국'일 것이다.

커뮤니티 건강센터

도시의 일상은 빠르다. 출근 전 아침은 시장, 점심은 도시락으로 때우고, 퇴근길엔 피곤한 몸을 질질 끌고 집으로 돌아간다. 이런 바쁜 도시 생활 속에서 사람들은 '큰 병은 큰 병원에서' 보는 게 당연하다고 믿는다. 그런데 정작 가장 많이 앓는 건 감기, 만성두통, 혈압, 당뇨 같은 생활 속의 작고 반복적인 병들이다. 이럴 땐 병원까지 가기보다 집 근처에서 쉽게, 빠르게, 믿고 진료받을 수 있는 공간이 필요하다. 바로 그 역할을 하는 게 커뮤니티 건강센터(社区卫生服务中心)다.

이 센터들은 2000년대 이후 중국 정부가 의료 접근성을 높이기 위해 본격적으로 육성한 일종의 1차 의료기관이다. 우리나라의 보건소와 동네 의원의 중간쯤 되는 개념인데, 기능은 의외로 다양하다. 단순한 진료뿐만 아니라 예방접종, 건강 검진, 만성질환 관리, 정신 건강 상담, 노인 돌봄, 산전·산후 관리까지 포함한다. 즉, 병이 생긴 뒤 치료하는 곳이 아니라, 병이 생기지 않도록 도와주는 곳이다. 정부가 커뮤니티 건강센터에 기대를 거는 이유는 단순하다. 의료 시스템의 첫 관문이 제대로 작동해야 전체 시스템이 효율적으로 굴러가기 때문이다. 대형병원에 환자들이 몰리면 진료의 질도 떨어지고, 의료비도 치솟고, 의료진도 번아웃 된다. 그래서 1차 의료기관이 환자를 '초기 선별' 하고, 경증은 현장에서 해결하며, 중증만 상급 병원으로 보내는 체계가 필요하다. 중국은 이걸 분급진료(分级诊疗), 즉 단계적 진료 체계라고 부른다. 커뮤니티 건강센터는 이 체계의 핵심 거점이다. 실제로 2016년 이후, 중국 정부는 '1인당 연간 평균 3회 이상 커뮤니티 진료 유도'를 목표로 정책을 쏟아부었다. 건강보험 혜택도 커뮤니티 진료를 먼저 받을 경우 더 높게 적용되도록 설계했다.

하지만 말처럼 쉬운 일은 아니다. 신뢰의 벽이 존재한다. 많은 도시민들은 '커뮤니티 센터 의사는 실력이 떨어진다'는 인식을 갖고 있다. 의료 장비도 부족하고, 시설도 낙후된 곳이 많아 대형병원과의 격차는 확실히 느껴진다. 특히 중산층 이상은 예방보다 '정밀 검사'를 중시하는 경향이 강하기에 커뮤니티 센터의 매력은 약하다.

그럼에도 불구하고 이 시스템은 조금씩 자리를 잡아 가고 있다. 일부 지역에선 커뮤니티 건강센터가 학교, 직장과 연계해 정기 검진과 건강 관리 서비스를 제공하고 있으며, 고혈압·당뇨 같은 만성질환 환자에겐 장기 처방과 관리 계획을 수립해 준다. 또 노인 인구가 많은 도시 지역에서는 간병 기능까지 수행하면서 '가정-의료-복지'를 잇는 작은 거점이 되고 있다. 무엇보다 이 센터들이 가지는 가장 큰 장점은 '지속적인 관계'다. 커뮤니티 주치의는 환자의 생활 환경, 가족력, 건강 습관까지 알고 있다. 매번 처음부터 설명할 필요가 없고, 작은 변화도 알아챌 수 있다. 이건 대형병원이 절대 흉내 낼 수 없는 부분이다.

앞으로 중국 의료는 거대한 병원이 아니라, 작고 가까운 커뮤니티 센터에서부터 혁신이 시작될지도 모른다. 의료는 결국 사람의 몸과 마음을 함께 돌보는 일이다. 커뮤니티 건강센터는 '공장처럼 환자를 처리하지 않고, 이웃처럼 건강을 함께 챙기는' 곳이어야 한다. 그래서 이 소박한 공간들이야말로 '건강한 사회'를 만드는 기초 체력이다.

병원의 행정 구조 및 운영 방식

중국의 병원을 이해하려면, 먼저 병원을 '공공기관'이자 '수익기관'으로 동시에 운영되는 이상한 존재로 봐야 한다. 많은 외국인들이 중국 병원에 와서 가장 놀라는 건, 진료받기 전에 줄을 서서 등록하고, 진료비를 선불로 내고, 약국도 병원 내부에 있다는 점이다. 그런데 그 구조 안에 중국 의료 행정의 복잡한 속살이 들어 있다.

중국의 병원은 크게 공립 병원과 민간 병원으로 나뉜다. 이 중 전체 입원 환자의 80% 이상이 공립 병원에서 진료를 받는다. 다시 말해, 중국 의료의 핵심은 공립 병원이다. 그런데 이 공립 병원이 단순한 정부기관은 아니다. '국가 소속의 자율운영기관'이라는, 계속 정부에 속해 있으면서도 스스로 수입과 지출을 관리해야 하는 기관이다. 그렇다 보니 병원 행정은 자연히 '이중 목표'를 가진다. 하나는 공공성을 지키는 것, 다른 하나는 재정적 자립을 달성하는 것이다. 병원이 돈을 벌지 못하면 장비도, 인력도, 서비스도 유지할 수 없다. 그러나 과도한 수익 추구는 의료 남용, 과잉 진료, 비효율을 불러올 수 있다. 이 딜레마가 병원 행정의 핵심 문제다.

　병원의 운영 체계를 보면 꽤 위계적이다. 병원장은 보통 정부가 임명하며, 행정당국(보건위원회)과 밀접하게 연결되어 있다. 병원 내에는 진료부, 간호부, 약무부, 기획재정부, 의료기기관리부 등으로 구성된 부서들이 있고, 각 부서장은 병원장 직속으로 운영된다. 중요한 정책 결정은 병원 내 이사회 또는 정책위원회에서 논의되지만, 실제 예산이나 인사에 관한 최종 권한은 정부 당국이 쥐고 있는 경우가 많다. 병원의 성과 평가와 보상 구조도 독특하다. 병원 전체의 실적은 환자 수, 진료 횟수, 수익률, 약품 소비 등 '양적 지표'로 측정되는 경우가 많다. 의료진 개인 역시 진료 건수나 약 처방 매출 같은 기준으로 평가받는 경우가 아직 존재한다. 이 때문에 과잉 검사·과잉 처방이 구조적으로 유도되는 경향이 있는 것이다. 정부는 이 문제를 인식하고, 최근엔 성과 중심에서 '품질 중심'으로 전환하려 하고 있다. 환자 만족도, 재입원율, 감염률 같은 '의료 품질 지표'도 평가 항목에 포함되기 시작했다.

또 병원 간 경쟁을 완화하고 협력 체계를 만들기 위해 의료연합체(医联体), 즉 도시 중심 병원과 지역 의료기관의 네트워크화를 추진하고 있다. 그렇다고 병원이 단순히 행정 기계는 아니다. 우수한 병원일수록 '운영'과 '진료'를 분리하려는 노력을 기울인다. 행정 부서가 인사, 재무, 시설을 맡고, 진료 부서는 치료에만 집중할 수 있도록 구조를 나누려는 것이다. 일부 대형병원은 병원장 외에 전문 CEO를 두어 운영의 전문화를 시도하고 있기도 하다. 즉, '진료'와 '운영'을 분리하는 MSO(Management Service Operation) 운영 체제 도입을 시작하고 있다.

그리고 중국 병원의 또 다른 특징은 '의료+교육+연구'의 삼위일체 모델이다. 주요 3급 병원은 대부분 의과대학과 연결돼 있어 진료와 동시에 의대 교육과 의학 연구도 함께 수행한다. 환자 입장에서 보면 대학병원은 최신 치료법을 접할 수 있는 기회지만, 그만큼 시스템은 복잡하고 대기 시간은 길어진다. 병원은 병을 고치는 곳이지만, 그 운영은 복잡한 사회적 시스템이다. 중국 병원은 아직 '치료 중심'에서 '건강 중심'으로 전환하는 길목에 서 있다. 공공성과 수익성 사이에서 줄타기를 하며, 효율과 신뢰를 동시에 잡아야 하는 숙제를 안고 있다.

병원은 공장이 아니다. 아픈 사람을 숫자로만 보면 안 된다. 행정도, 시스템도 결국은 '사람'을 위한 것일 때에야 비로소 병원은 '병을 고치는 공간'에서 '사람을 돌보는 공간'이 될 수 있다.

비의사 병원 원장

우리나라에서 병원 하나 차리려면 일단 의사 면허부터 있어야 한다. 병원은 의료 행위의 집합체이기 때문이다. 의사가 아닌 사람은 병원, 의원은 물론 치과나 한의원도 개설할 수 없다. 법이 그렇게 못 박고 있다. 이 원칙은 '의료의 공공성'이라는 대의를 지키기 위해 마련된 장치다. 돈 있는 자가 병원을 사업 아이템으로 삼지 못하게 하려는 장벽이다. 그런데 이웃 나라 중국은 다르다. 아주 다르다. 여기선 돈만 있으면 병원을 세울 수 있다. 아니, 의사 면허 하나 없이도 병원을 '운영' 할 수 있다. 법적으로 가능하다. 이런 제도가 언제부터, 왜 생겼으며, 중국 의료 시장에 어떤 파장을 불러왔을까? 또 이것이 우리에게 주는 함의는 무엇일까?

중국에는 '의료관리유한공사(医疗管理有限公司)'라는 이름의 회사들이 있다. 겉으로 보면 평범한 유한책임회사다. 그런데 이들이

하는 일은 의외다. 병원을 짓고, 의료 장비를 들여놓고, 간호사와 의사를 고용해 환자를 진료한다. 병원이 아니라 회사다. 그런데 환자를 본다. 도대체 어떻게 가능한 일일까? 답은 간단하다. 중국의 의료기관 개설 기준 때문이다. 중국은 '의사'가 아니라 '자본'이 병원을 세우는 구조를 허용한다. 2000년대 초부터 시작된 시장화 개혁의 일환이다. 정부는 민간 자본이 의료시장에 들어올 수 있도록 문을 열었다. 투자회사든 부동산 재벌이든, 심지어 부동산 시행사라도 일정한 요건만 갖추면 의료기관을 설립할 수 있다. 단, 의료 행위는 의사가 해야 한다. 경영은 자본이, 진료는 전문가가 나눠 맡는 구조다.

한국의 의료법은 이걸 단호히 금지한다. 의료기관은 오직 의료인만 개설할 수 있다. 물론 비의료인이 병원 건물을 세우고 의료법인에 임대할 수는 있다. 그러나 실질적인 운영 주체는 반드시 의사여야 한다. 그래서 한국의 병원은 거의 다 의사 이름을 달고 있다. 병원 개설자가 의사 면허를 가진 사람이어야 하기 때문이다.

중국은 왜 이 길을 선택했을까? 중국은 인구가 많다. 14억이다. 그런데 그 많은 사람들을 진료할 의사와 병원이 턱없이 부족하다. 특히 2000년대 초까지만 해도 공공 병원에만 의존하던 구조였다. 의사도, 장비도, 예산도 모자랐다. 결국 환자는 길게 줄을 서고, 의사는 과로사 직전까지 몰렸다. 그러자 정부가 생각했다. '자본을 끌어오자.' 정부의 손으로는 다 감당할 수 없으니 민간의 힘을 빌리자는 발상이었다.

2009년, 중국 국무원은 의료 개혁의 대원칙을 발표한다. 공공의료는 기본적 의료 서비스를 책임지고, 나머지 부분은 시장에 맡기자는 구조다. '공공+민간'의 이중 구조, 혼합 모델을 도입한 셈이다. 그 결과, 의료관리유한공사라는 이름의 민간 의료기관이 속속 등장했다. 외국 자본도 들어왔다. 미국, 홍콩, 싱가포르의 의료재단, 사모펀드, 보험회사들이 중국의 의료시장에 투자하기 시작했다. 심지어 알리바바와 텐센트 같은 IT 공룡도 병원 사업에 뛰어들었다. 스마트 병원, 원격 진료, 빅데이터 분석까지…. 의료가 곧 산업이 되고, 산업이 곧 기회가 되었다.

이 혼합 모델은 과연 성공했는가? 성공했느냐고 묻는다면, 어느 쪽 눈으로 보느냐에 따라 답이 달라진다. 경제적 성과만 본다면 일부 민간 병원은 엄청난 수익을 올렸다. 특히 'VIP 병원'이라 불리는 고급 전문병원들은 중산층과 부유층 환자들을 끌어모았다.

진료비는 비쌌지만 대기 시간은 짧았고, 서비스는 호텔급이었다. 몇몇 병원은 주식시장에 상장도 했다. 투자자들은 만족했다. '병원도 사업이 될 수 있다'는 믿음을 가지게 해 주었기 때문이다. 또 하나의 성공은 '공공 병원의 부담 경감'이다. 민간 병원이 일정 부분 환자를 분산시켜 주었고, 공공 병원은 중증 환자와 특수 치료에 집중할 수 있게 되었다. 정책 목표였던 의료 자원의 분산이 일정 부분 실현된 셈이다.

하지만 문제도 많았다. 특히 '영리 추구'가 지나치다 보니 의료의 본질이 흔들리는 일이 자주 일어났다. 과잉 진료, 불필요한 검사, 고가 약 처방이 늘었고, '돈이 되는 환자'만 받아 주는 병원이 등장했다. 일종의 의료쇼핑몰화 현상이다. 병원은 더 이상 병을 고치는 곳이 아니라 고급 서비스를 파는 백화점이 되어 갔다. 환자는 고객이고, 진료는 상품이었다.

한국은 '의료는 공공재'라는 원칙을 끝까지 지키려 한다. 돈이 있어도 의사 면허가 없으면 병원을 세울 수 없다. 병원은 돈을 벌 수는 있지만, 그 자체로는 영리법인이 될 수 없다. 의사협회와 정부는 이 원칙을 지키기 위해 수없이 충돌해 왔다. 특히 '영리병원 허용' 문제는 언제나 정치적 논란의 불씨다. 일부에서는 중국처럼 민간 자본에 의료 문을 열어야 한다고 주장하지만, 반대는 더 거세다. 한국 의료는 '상대적으로 싸고, 접근성 높고, 질이 좋은 편'이라는 평가를 받는다. 그 이면에는 공공성과 규제가 버티고 있다.

중국은 그 반대다. 시장의 힘을 믿고, 의료를 산업화하는 길을 택했다. 그리고 그 길에서 거대한 실험을 하고 있다. 물론 그 실험에는 희생도 따르고, 혼란도 뒤따른다. 하지만 거대한 인구, 불균형한 자원, 급속한 도시화라는 현실 속에서 중국은 다른 선택을 할 여지가 없었다고 말할 수도 있다.

중국의 민간 의료기관 확대는 몇 가지 긍정적인 효과를 불러왔다. 그 하나로 의료 접근성이 개선되었다. 특히 도시 외곽이나 중소도시에 민간 병원이 생기면서 병원까지 가는 물리적 거리와 대기 시간이 줄었다. 전에는 병원 예약 하나 잡으려면 새벽부터 줄을 서야 했지만, 이제는 선택지가 다양해졌다. 둘째, 의료 서비스의 다양화가 이루어졌다. 공공 병원이 제공하기 어려운 고급 진료, 맞춤형 건강 검진, 미용의료, 재활서비스 등은 민간 병원이 적극적으로 채워 주었다. 환자 입장에선 선택권이 넓어졌다. 셋째, 디지털 기술 도입이 빨라졌다. 민간 자본은 병원 경영의 효율화를 위해 AI 진료 보조, 스마트 진료 예약, 온라인 진료 등을 빠르게 도입했다. 공공 병원보다 훨씬 빠른 변화였다.

하지만 그 이면에는 짙은 그림자도 존재한다. 우선 의료의 상업화가 가져온 신뢰의 붕괴다. 병원이 진료보다 '매출'을 우선하다 보니, 환자는 자신이 치료받는 것이 맞는지 의심하게 됐다. 과잉 진료와 불필요한 시술이 늘었고, 민간 병원에 대한 불신이 생겨났다. 둘째, 의료 격차의 심화다. 민간 병원은 돈이 되는 지역, 돈이 되는 진료 과목에만 투자했다. 시골에는 여전히 의사가 부족했고, 저소득층은 공공 병원 외엔 선택지가 없었다. 결과적으로 의료의 양극화가 심해졌다. 셋째, 의료 사고 및 법적 분쟁이 늘어났다. 민간 병원은 수익을 우선하다 보니 검증되지 않은 의사나 장비를 쓰는 경우가 있었고, 그로 인한 사고도 많았다. 이익은 사기업이 가져가고, 사고는 환자가 떠안는 구조였다.

중국의 선택은 명확하다. '의료는 산업이기도 하다.' 그래서 자본을 들였다. 효율을 원했고, 속도를 택했다. 그 결과 일부 성공도 있었고, 여러 문제도 발생했다. 그들은 실험 중이다. 한국의 선택은 여전히 '의료는 공공재다'다. 그 원칙이 완강하게 지켜지고 있다. 일부 불편과 비효율이 있더라도 공공성을 지키는 편이 낫다고 본다. 아직까지 지키고자 하는 정책 철학이다. 그러나 세상은 변한다. 인구 구조가 달라지고 수요와 공급의 균형이 흔들리면, 한국도 언젠가 결단의 순간을 맞게 될 수도 있다. 그때 중국의 실험은 중요한 참고 사례가 될 수 있다. 우리가 갈 수 있는 길과 가지 말아야 할 길, 그 둘을 동시에 보여 주고 있기 때문이다.

제4부

의료 인력과 교육

의사가 되기까지, 그 길고 긴 여정

 누구나 어릴 적 한 번쯤 의사를 꿈꾼다. 흰 가운을 입고 청진기를 목에 건 모습은 선망의 대상이다. 중국에서도 그건 다르지 않다. 하지만 꿈과 현실은 다르다. 중국에서 '의사'가 되는 길은 길고, 고되고, 때론 비좁기까지 하다.

 중국의 의과대학 시스템은 일단 복잡하다. 5년제 학사 과정이 가장 일반적이지만, 그 외에도 7년제 석사 연계 과정, 8년제 박사 통합 과정까지 여러 단계가 있다. 최근에는 중서의결합(中西医结合) 과정도 등장해, 동서양 의학을 융합하려는 실험도 이뤄지고 있다. 어쨌든 기본 전제는 하나다. 정식 의사가 되기 위해선 국가에서 정한 규격의 교육과 수련을 거쳐야 한다는 것이다. 이 정규 트랙 외에도 눈여겨볼 길이 하나 더 있다. 바로 3년제 전문대 수준의 조력의사(助力医师) 트랙이다. 이는 일종의 단축 코스처럼 보일 수 있지만, 실제로는 기초 의료의 최전선에서 뛰는 실전형 인력을 양성하기 위한 제도다. 의료 자원이 부족한 농촌이나 변방 지역에서, 조력의사들은 진료실의 문을 열고 주민들을 맞이하는 존재다. 3년제 트랙을 통해 졸업한 학생들은, 국가가 시행하는 '조력의사자격시험(助理医师资格考试)'에 응시할 수 있다. 합격하면 제한된 진료 범위 내에서 의료 활동이 가능하다. 물론 완전한 의미의 '의사'는 아니다. 그러나 일정한 실무 경력을 쌓고 나면 그들도 '정식 집업의사(执业医师)'로 승급할 수 있는 길이 열린다. 보통은 2년에서 5년가량의 경력을 요구하며, 이후 다시 국가자격시험을 통과해야 한다.

이런 식으로 보면, 중국의 의사 양성 체계는 단선형이 아니라 다층적이고 유연한 구조다. 학문적 엘리트 코스에서 전문직 기술자 코스까지 다양한 경로가 존재하며, 각자의 위치에서 의료 시스템의 한 축을 담당하고 있다. 물론 과정이 복잡하다고 해서 품질이 자동으로 담보되는 건 아니다. 현실은 종종 이상과 어긋난다. 일부 지역에선 실습 환경이 부족하고, 교육 내용이 실제 진료와 동떨어졌다는 비판도 있다. 특히 도시와 농촌 간 교육 자원 격차는 여전히 크다. 서울의 대형병원에서 배우는 의대생과 지방의 시골 병원에서 수련받는 조력의사의 경험은, 말 그대로 하늘과 땅 차이다. 그럼에도 불구하고 중국은 지난 20년간 끊임없이 이 시스템을 개선해 왔다. 〈건강중국2030〉 전략 아래, 정부는 '더 많고, 더 고르게' 의료 인력을 배출하고자 한다. 일반의 양성 확대, 지역병원-의대 연계, 온라인 시뮬레이션 훈련의 확대 등 변화는 느리지만 꾸준하다.

의료는 사람의 문제다. 의학은 과학이지만, 진료는 인간 대 인간의 일이다. 중국에서 '의사'가 되는 건 단지 시험을 통과하고 면허를 받는 문제가 아니다. 그것은 오랜 시간 동안 학습과 수련 그리고 환자와의 신뢰를 통해 비로소 얻어지는 자격이다. 그리고 오늘도 수많은 예비 의사들이 이 긴 여정을 걸으며, 자신만의 방식으로 '좋은 의사'가 되기 위한 씨앗을 심고 있다.

일반의, 전문의 그리고 중의사

사람들은 병원에 가면 늘 묻는다.

"이 의사는 내 병을 잘 볼 수 있을까?"

그 질문 뒤에는 사실 더 본질적인 궁금증이 숨어 있다.

"이 사람은 어떤 의사인가?"

중국에서도 마찬가지다. 일반의, 전문의, 중의사, 이름은 다 다르지만, 환자 입장에서는 모두 '의사'다. 그러나 이 세 유형의 의사는 그 출발점도, 교육 과정도, 진료 방식도 뚜렷하게 다르다.

먼저, 일반의(全科医生)부터 보자. 중국에서 일반의는 상대적으로 최근에 등장한 개념이다. 개혁개방 이전까지만 해도 대부분의 의사들이 '내과'나 '외과' 같은 전문과를 택했고, '전반적인 건강 문제를 다룰 수 있는 1차 진료 의사'라는 개념 자체가 희박했다. 하지만 도시화와 고령화가 진행되면서 사람들이 병원에 가는 이유가 단순한 질병 치료를 넘어서 건강 유지와 만성질환 관리로 옮겨 가자, 일반의의 필요성이 급속히 부각되었다. 그래서 중국 정부는 2000년대 이후 본격적으로 일반의 양성 체계를 구축했다. 5년제 의과대학 졸업 후, 2~3년간의 전공의 훈련(住院医师规范化培训)을 마치고, 일정 평가를 통과하면 일반의로 활동할 수 있다. 보건소, 커뮤니티 건강센터, 농촌 진료소 등에서 주민들과 가장 가까운 곳에서 일하는 '생활 속의 의사'다. 하지만 전문의보다 사회적 인식이나 급여 수준은 낮은 편이다. 어쩌면 한국의 '가정의학과'보다도 더 '현장형 의사'에 가깝다고 할 수 있다.

반면, 전문의(专科医生)는 훨씬 익숙한 존재다. 심장내과, 정형외과, 신경외과, 소아과…. 진료과를 세분화해 전문 영역에서 깊은 지식을 쌓는다. 중국의 3급 병원과 같은 대형병원에서는 대부분 전문의가 진료를 맡는다. 이들은 전공의 훈련뿐 아니라 과별 인증, 연구, 학회 활동 등 다양한 전문 평가 시스템을 거쳐야 하며, 경력에 따라 중급(主治医师), 고급(副主任医师, 主任医师)으로 직함이 올라간다.

재미있는 건 중국의 의사 사회에는 이들과는 또 다른 '주류'가 존재한다는 점이다. 바로 중의사(中医师)다. 전통중의학의 계보를 잇는 이들은 병을 진단할 때 맥을 짚고, 혀를 보고, 체질을 따진다. 처방은 캡슐이나 수액이 아니라 탕약이고, 치료는 수술보다는 침과 뜸이다. 중의학은 단지 치료 기술이 아니라 철학이자 문화로, 중국인에게는 여전히 정신적 버팀목 같은 존재다. 중의사역시 자격시험을 통해 면허를 취득한다. 하지만 그 진입 경로는독특하다. 전통중의학 대학에서 중의 본과를 전공한 후, 중의사자격 시험을 따로 치른다. 중서의 결합 과정을 이수한 경우, 중의와 서양의학을 모두 배워 두 분야를 넘나드는 진료를 하기도 한다. 현장에서 보면 중의사와 서의사는 때론 협업하고, 때론 경쟁한다. 도시의 일부 병원에서는 진료부를 '중의과'와 '서의과'로 분리해서 운영하기도 한다. 물론 환자 입장에서는 두 가지 진료 방식중 어떤 것이 더 낫다고 단정 짓기 어렵다. 때로는 침술이 약보다효과가 좋고, 때로는 수술이 탕약보다 빠르다. 중국의 의료 시스템은 이처럼 일반의, 전문의, 중의사라는 세 개의 축이 서로의 빈자리를 메우며 작동한다. 가장 현대적인 시스템과 가장 전통적인철학이 공존하고, 기초 진료와 고난도 전문 의료가 나란히 존재한다.

  어쩌면 이 혼합적이고 다층적인 구조야말로 중국 의료의 진짜 얼굴일지도 모른다. 질서보다는 융합, 통일보다는 다양성, 그것이 지금 중국의 의료 인력 지형을 규정하는 키워드다. 환자들은 늘 묻는다.

"이 의사는 나한테 맞을까?"

그리고 중국 의료는 대답한다.

"우리는 다양한 의사를 준비해 놨다. 당신의 선택을 기다린다."

레지던트 훈련, 의사의 마지막 관문

"졸업은 했지만, 아직 의사는 아니다."

중국에서 의과대학 졸업생들이 자주 듣는 말이다. 왜냐고? 환자의 몸을 진료하고 생명을 다룰 수 있으려면 졸업장 하나로는 어림도 없기 때문이다. 진짜 의사가 되려면 반드시 거쳐야 하는 마지막 관문이 있다. 바로 전공의 훈련, 중국식으로 말하자면 '주원의사규범화훈련(住院医师规范化培训)', 흔히 줄여서 '레지던트 과정'이다. 이 제도는 사실 오래된 것 같지만, 지금의 모습은 비교적 최근에 자리 잡았다. 2014년, 중국 국무원은 전국 단위에서 전공의 훈련을 통합하고 체계를 잡는 '신판 전공의 훈련제'를 도입했다. 목표는 간단했다. 지역, 병원, 개인 편차 없이 전국적으로 일정 수준의 임상 능력을 갖춘 의사를 배출하겠다는 것이었다. 훈련은 보통 3년. 전공에 따라 조금씩 다르지만 내과, 외과, 소아과, 마취과, 영상의학과 등 기본 임상과는 3년제가 표준이다. 수련 기간 동안 의사 지망생들은 정식 의료 인력의 일부로 병원에서 일한다. 진료 기록을 쓰고, 주치의를 보조하며, 응급실을 뛰고, 때론 야간 당직도 선다. 말 그대로 '수련'이라는 단어가 실감 나는 시기다. 이들이 근무하는 병원은 정부가 인증한 전공의 훈련 지정기관(住培基地)이어야 한다. 대개는 3급 갑등병원(대형 종합병원)이 해당된다. 훈련의 질을 확보하기 위해 국가는 지도 교수 제도, 평가 지표, 회진 기록, 수술 참관 시간 등 구체적인 훈련 규정을 정리해 매뉴얼화했다. 과거처럼 병원마다 알아서 뽑고, 훈련시키던 '제각각 레지던트 시대'는 이제 과거가 됐다.

하지만 모든 제도엔 그늘이 있다. 현실은 다소 거칠고 고달프다. 훈련병 신분의 애매한 법적 위치, 낮은 급여, 과중한 근무 시간 등은 여전히 해결되지 않은 과제다. '수련의'라는 이름이 붙지만, 그들은 때때로 정식 의사처럼 병원의 중요한 노동력이 된다. 어느 수련의는 SNS에 이렇게 적었다.

'나는 아직 시험에도 통과하지 못했지만, 매일 생사를 결정하는 데 참여한다.'

그 말엔 책임과 부담, 자긍심과 피로감이 한꺼번에 담겨 있다. 이 모든 훈련을 마치고 나면 '전공의 훈련 수료 평가'가 기다린다. 필기시험과 임상 평가를 통과해야 정식으로 레지던트 수료증을 받을 수 있다. 하지만 아직 끝이 아니다. 마지막으로 국가가 주관하는 '집업의사(执业医师) 자격시험'에 합격해야만 비로소 '의사'라는 타이틀을 정식으로 달 수 있다. 중국은 이 전공의 훈련 체계를 '의료 질의 보루'로 삼고 있다.

〈건강중국2030〉 계획에 따라 정부는 전국의 수련 시스템을 통합하고, 수련 인력에 대한 재정적 지원을 확대하려 하고 있다. 전문의 훈련(专科医师培训) 제도도 시범 도입돼 향후 레지던트 수료 이후 전문 분야로의 단계적 이동 경로도 제시되고 있다. 한국의 전공의 과정과 유사하면서도, 중국 특유의 행정 일원화와 시스템 통합 방식이 두드러지는 구조다. 레지던트 훈련은 일종의 '의사 양성의 도제 제도'다. 배움은 책에서 시작되지만, 환자의 옆자리에서 완성된다. 환자의 상태를 매일 체크하고, 작은 손짓과 표정 하나에서 병의 실마리를 찾는 법을 익히며, 서서히 '진짜 의사'가 되어 간다.

어쩌면 의대 졸업은 공부의 끝이 아니라 시작인지도 모른다. 중국의 젊은 의사들은 오늘도 병원이라는 거대한 수련장 속에서, 책에서 배운 의학을 사람과의 관계로 바꾸는 법을 배우고 있다. 그 과정을 지나야만 비로소 '진짜 의사'라고 불릴 수 있다.

의료인의 수급 문제와 과로

의사 수가 부족하다는 얘기는 어느 나라에나 있다. 하지만 중국처럼 넓은 국토와 거대한 인구를 가진 나라에서 이 문제는 단순한 통계 이상의 현실적인 위기로 다가온다. 병원은 넘쳐나는 환자로 붐비고, 의사는 늘 쫓기듯 진료하고, 진료 대기 시간은 길어지고, 환자의 불만은 커진다. 이 연결 고리의 중심에 바로 의료 인력의 수급 문제가 있다.

먼저 숫자부터 보자. 중국의 인구는 14억이 넘는다. 그런데 집업의사(执业医师)는 약 450만 명. 단순 계산으로는 의사 1명이 약 300명의 국민을 담당하고 있는 셈이다. OECD 평균에 비하면 낮지는 않다. 그런데 문제는 불균형이다. 도시와 농촌, 동부와 서부, 공립과 민간 병원 간 의사 분포가 크게 차이 난다. 북경, 상해, 광저우 같은 대도시는 의사 밀도가 높지만, 내몽골, 서부 사천, 운남 같은 지역은 여전히 1차 진료조차 어려운 현실이다. 정부도 이 문제를 모르지 않는다. 그래서 '의료 자원 균형 발전'을 구호로 내걸고 의대 정원 확대, 농촌 의료 지원, 의료인 지역 봉사 인센티브 등 다양한 정책을 펼쳐 왔다. 특히 '3년 농촌 복무를 조건으로 학비 전액 지원'하는 형태의 지역 의무 장학금 제도는 나름 효과를 거두고 있다. 하지만 그렇게 지방에 간 젊은 의사들이 수련 기회, 급여, 생활 인프라 부족 등으로 결국 도시로 복귀하는 사례도 적지 않다. 이쯤에서 질문 하나. 왜 의사 수가 늘어도 항상 '부족하다'는 말이 나올까? 그건 단순히 수의 문제가 아니라 업무 강도의 문제이기도 하다.

중국의 대형 병원, 특히 3급 갑등병원은 하루 외래 환자가 수천 명을 넘는다. 외래 진료 시간은 짧게는 3분, 길어야 5분이다. 진료실은 쉴 틈 없이 돌아가고, 의사는 점심도 거른 채 환자를 본다. 수술 스케줄은 밤 10시를 넘기기도 한다. 야간 당직에, 주말 수술에, 행정 업무까지 더해지면 하루 14시간 근무는 예사다. 이러한 만성적인 과로는 결국 의사의 탈진(burnout)으로 이어진다. 일부 병원에서는 젊은 의사들이 우울증 진단을 받고 이직하거나 아예 의료계를 떠나는 경우도 있다. 2022년에는 후난성의 한 병원에서

30대 외과의사가 과로로 쓰러져 사망한 사건이 있었고, 이는 '의료인 과로' 문제가 사회적 이슈로 떠오르게 만든 계기가 되었다. 한편, 과로만큼이나 문제인 것은 '감정 노동'이다. 중국의 일부 환자들은 병원에서 의사를 '서비스 제공자'로 대하며, 결과에 대한 책임을 일방적으로 요구한다. 의료 사고 분쟁이 생기면 병원을 점거하거나 의사에게 폭력을 행사하는 '의료폭력(医闹)'도 종종 발생한다. 이런 환경에서는 의료진이 진정한 전문가로서의 판단을 하기보다는 '최대한 방어적인 진료'를 할 수밖에 없다.

그렇다고 의료인이 '희생만 하는 직업'이 되어서는 안 된다. 중국 정부는 최근 들어 의사 처우 개선, 법적 보호, 복지 향상에 대한 정책을 적극적으로 추진 중이다. 특히 〈건강중국2030〉 전략에는 의료인의 직업 만족도 향상을 핵심 목표 중 하나로 삼고 있다. 일례로, 2021년부터는 공립병원에서의 인센티브 지급 기준을 개편하여, 진료 수보다 환자 만족도, 진료의 질, 다학제 협력 정도 등을 반영하도록 바뀌었다. 이는 의료가 '수량' 중심에서 '가치' 중심으로 천천히 이동하고 있다는 신호다. 의사는 직업이자 소명이다. 하지만 그 소명이 희생과 과로, 불균형 속에서만 유지되어야 한다면, 지속 가능하지 않다. 중국 의료의 미래는 단순히 병원 수나 의료 장비 수준이 아니라 그 안에서 일하는 의료인의 삶의 질과 존엄성에 달려 있다.

'사람이 사람을 돌보는 일'이 평범한 문장을 현실로 만들기 위해, 지금 중국 의료계는 자정과 개혁 사이에서 분투하고 있다.

다기관 진료의 현실

한국에서 의사는 참 바쁘다. 환자를 보는 것도 힘들지만, '1의사 1병원' 원칙이라는 법적 족쇄까지 메고 살아야 한다. 건강보험심사평가원과 의료법의 테두리 안에서 움직여야 하니, 다른 병원에 가서 진료라도 하려면 법 위반이다. 오로지 자신이 등록한 병원이나 의원에서만 진료해야 한다.

그런데 중국은 다르다. 의사가 꼭 한 병원에만 묶여 있을 필요가 없다. 원칙적으로는 특정 병원에 등록해야 진료가 가능하지만, 일정한 조건과 절차를 거치면 여러 병원, 심지어 온라인에서도 진료를 할 수 있다. 이를 두고 중국에서는 '다기관 진료(多点执业)'라고 부른다. 한국식으로 번역하자면 '의사의 부업 허용제'쯤 될까.

중국 의사들도 당연히 국가고시에 합격해야 한다. 중국 국가의사자격시험은 난이도가 만만치 않다. 합격한 뒤에는 한 병원에 '주기관'으로 등록해야 진료를 할 수 있다. 그런데 2009년 의료 개혁 이후, 중국 정부는 의사들에게 다기관 진료의 문을 열어 주기 시작했다. 병원 하나에만 묶어 두지 않고 지역 병원이나 민간 병원, 심지어는 온라인 진료 플랫폼 등에서도 진료를 할 수 있도록 허용한 것이다.

이른바 '다기관 진료 제도'다. 공무원이 퇴근 후 배달 아르바이트를 뛰듯, 중국의 의사들은 주말이나 여가 시간에 다른 병원에서 환자를 볼 수 있다. 법적으로도 허용되어 있다. 물론 '하고 싶은 사람 아무나 해라'는 식은 아니다. 일단 주기관 병원의 허락을 받아야 하고, 지방위생건강위원회의 승인을 거쳐야 한다. 그러나 이 절차마저도 도시마다 온도 차가 있다. 베이징, 상하이, 광저우처럼 개혁개방에 앞장선 대도시에서는 훨씬 자유롭다.

왜 이런 제도를 만들었을까? 간단히 말하자면 '사람이 부족하니까' 그렇다. 중국은 넓고, 사람은 많다. 그런데 병원과 의사는 골고루 분포되지 않았다. 동부 연해 대도시에 고급 인력이 몰려 있고, 중서부 내륙이나 농촌에는 의사가 턱없이 부족하다. 중국 정부 입장에서는 의료 자원을 좀 더 고르게 배분하고 싶었고, 다기관 진료는 그런 바람에서 출발한 제도다.

또 하나 중요한 이유는 시장이다. 중국은 1990년대 이후 의료 체계를 점차 시장화하기 시작했다. 의료보험도 개혁하고, 민간 병원도 허용했다. 그런데 민간 병원들이 고민에 빠졌다. 건물은 있는데, 의사가 없다. 병원이 있어도 믿을 만한 의사가 없으면 환자들이 오지 않는다. 그러자 이들 병원이 눈을 돌린 곳은 바로 '공공 병원의 유명 의사'였다. 그들을 불러다가 파트 타임으로 진료하게 하고, '유명 의사 진료 가능'이라는 간판을 걸면 환자가 몰렸다. 그 덕분에 민간 병원도 살아나고, 의사도 수입이 늘고, 환자도 선택권이 넓어졌다. 일석삼조였다.

현실적으로는 어떻게 운영되고 있나? 이론은 아름답지만, 현실은 언제나 복잡하다. 중국의 유명 3급 병원(三级甲等医院)에 소속된 의사들은 대부분 병원과 계약을 맺고 있다. 월급을 받고, 성과에 따라 인센티브도 받는다. 병원 입장에서는 자사 소속 의사가 외부 병원에서 '알바'를 뛰는 걸 그리 좋아하지 않는다. 혹시 사고라도 나면 이미지가 나빠질 수 있고, 소속감도 떨어지기 때문이다. 하지만 이름값 있는 '명의(名医)'들은 다르다. 병원도 그들을 무작정 묶어 놓을 수 없다. 의사 개인의 명성이 곧 병원의 브랜드이기 때문이다. 그래서 병원은 슬그머니 허용한다. 명의가 주말에 민간 병원에 가서 진료를 보고 오든, 온라인 플랫폼에서 화상 상담을 하든, 눈감아 준다. 물론 수익 배분도 병원과 의사 간, 의사와 민간 병원 간의 협의에 따라 다양하게 이루어진다. 어떤 경우에는 진료 수익의 50% 이상을 의사에게 주기도 한다.

의사들의 수입은 확실히 늘었다. 공공 병원에서 받는 기본급 외에 외부 진료를 통해 상당히 많은 추가 수입을 올릴 수 있기 때문이다. 특히 알리헬스, 핑안굿닥터 같은 온라인 헬스 플랫폼에서는 화상 상담만으로도 시간당 수백 위안의 수당을 받을 수 있다. 게다가 온라인은 시간과 공간의 제약이 없으니 병원에 앉아서도, 집에서 커피 마시면서도 환자 상담이 가능하다.

그러나 동전의 뒷면도 있다. 과로다. 본업을 하면서 부업까지 뛰는 셈이니, 체력과 정신력이 모두 소모된다. 낮에는 병원에서 수술하고, 저녁엔 클리닉에서 진료를 하고, 밤엔 온라인 상담까지 한다면 사람이 버틸 수 있을까? 특히 의료 행위는 실수가 허용되지 않는 분야다. 한순간의 피로가 생명을 위협할 수 있다. 이 때문에 다기관 진료가 오히려 의료의 질을 떨어뜨릴 수 있다는 우려도 나온다. 또 하나의 문제는 책임 소재다. 의사가 여러 병원에서 동시에 일하다가 의료 사고가 나면, 과연 어느 병원이 책임을 져야 할까? 환자는 어느 기관을 상대로 소송을 걸어야 할까? 실제로 중국에서는 이런 소송이 점점 늘어나고 있으며, 아직도 명확한 해결 기준이 없어 분쟁이 장기화되기도 한다.

그럼에도 중국은 다기관 진료를 확대하고 있다. 오히려 다기관 진료를 더욱 장려하고 있다. 1차 진료기관의 기능을 강화하고, 중대형 병원으로의 쏠림 현상을 완화하기 위해서다. 유명 병원 의사들이 시골이나 커뮤니티 클리닉을 돌며 '순회 진료'를 하는 모델도 장려되고 있다. 마치 조선시대 어의가 정기적으로 시골 백성의 맥을 짚으러 다니는 것처럼 말이다. 또한 의료-IT 플랫폼이 발전하면서, 'O2O(Online To Offline)' 진료 모델이 확산되고 있다. 환자는 온라인으로 진료 예약을 하고, 필요한 경우 오프라인 병원에서 처방을 받는다. 그 중심에 의사의 다기관 활동이 있다. 미래에는 인공지능이 진료를 보조하고, 의사는 진단과 상담에 집중하는 '하이브리드 의료 시대'가 열릴 것이다.

한국에서도 다기관 진료의 필요성이 제기된 적이 있다. 특히 지방의 의사 부족 문제가 심각한 상황에서 서울의 명의들이 지방 병원에 일정 기간 진료하러 가는 시스템이 있다면 많은 환자들에게 도움이 될 것이다. 그러나 아직까지 한국 의료법은 매우 엄격하다. 1의사 1병원 원칙은 흔들리지 않고 있다. 병원과 의사 간 계약 관계도 보수적이고, 보험 시스템의 영향도 크다.

제도란, 사회가 감당할 수 있는 방향으로 진화한다. 중국은 다기관 진료가 사회적으로 받아들여지고, 수요도 많고, 공급도 유연하기 때문에 제도가 작동한다. 한국은 아직 그럴 여건이 안 된다. 그러나 언젠가는 바뀔지도 모른다. 의사도, 환자도, 사회도 조금씩 달라지고 있으니 말이다. 중국은 넓다. 그리고 빠르다. 의료 제도도 예외가 아니다. 다기관 진료는 중국식 시장 개혁의 상징처럼 보인다. 자율과 유연성 그리고 효율을 중시하는 중국식 의료 개혁의 실험실이자 전장이다. 물론 문제점도 많고, 개선해야 할 점도 적지 않다. 하지만 그들은 멈추지 않는다. 미래를 향해 달린다. 어쩌면 한국이 '하나의 병원에 갇힌 의사' 제도에서 벗어나려 할 때, 참고할 만한 사례가 바로 이 다기관 진료일지도 모른다.

의료 윤리 및 사회적 이미지

의사는 누구에게나 신뢰를 주는 존재여야 한다. 적어도 이상적으로는 그렇다.

하지만 현실의 의사는 늘 그 이상과 현실 사이에서 줄타기를 한다. 특히 중국처럼 빠르게 변화하는 사회에서 의료윤리와 의사의 사회적 이미지는 단순한 도덕 담론을 넘어서 사회적 균열과 갈등의 한 축이 되곤 한다.

중국에서 의료윤리(医学伦理)란 말은 종종 낡은 관념으로 취급되기도 한다. 문화대혁명 시절, 의사는 '기술노동자'로 격하됐고, 의학 윤리는 '계급의식'에 종속되었다. 하지만 개혁개방 이후 시장경제의 물결이 의료계로 스며들면서 의사는 다시 '전문직'으로 회복되었고, 그만큼 윤리에 대한 기대와 요구도 다시 부활했다. 하지만 문제는 단순하지 않다. 시장화가 몰고 온 변화는 의사의 행동

양식을 뒤흔들었다. 병원은 수익을 추구하는 조직이 되었고, 의사는 환자의 질병만이 아니라 진료 항목, 처방의 단가, 약품 유통 구조까지 고려하게 됐다. 진료실 안에서의 의사-환자 관계는 종종 신뢰와 연민보다는 계산과 불신으로 채워졌다. 사람들은 묻는다.

"왜 중국 병원은 돈 없으면 제대로 치료도 못 받아?"

의사들은 말한다.

"우리는 생명을 지키고 싶지만, 제도는 수익을 요구한다."

이 간극은 의료윤리의 위기로 이어진다. 대표적인 논쟁이 바로 과잉 진료(过度医疗)다. 필요 이상의 검사, 약물 처방, 수술을 통해 병원의 수익을 올리는 구조. 이는 일부 병원과 의사의 비윤리적 행위이기도 하지만, 더 깊이 들여다보면 보험정책, 병원 재정, 환자의 기대 수준 등이 복잡하게 얽힌 결과이기도 하다. 여기에 의사의 사회적 이미지가 영향을 받는다.

중국 사회에서 의사는 여전히 존경받는 직업군이다. 특히 농촌이나 소도시에서는 '지식인'이자 '공공선'을 대표하는 인물로 여겨진다. 하지만 대도시에서는 이야기가 달라진다. 웨이보(微博)나 더우인(抖音)에는 병원에서의 불만, 의료 사고, 고압적인 의사 태도를 폭로하는 콘텐츠들이 넘쳐난다. 일부는 실제 피해 사례지만, 일부는 단순한 오해나 왜곡이기도 하다. 그 결과, 환자와 의사의 신뢰의 장벽은 점점 더 높아지고 있다. 2010년대 이후 잇따른 의료 폭력 사건(医闹)은 이 문제의 심각성을 보여 준다. 의사가 진료 중 환자나 보호자에게 폭행당하거나 병원이 시위와 협박의 대상이 되는 일이 반복되었다. 정부는 의료인을 보호하기 위한 법률과 제도를 마련했고, 2020년에는 '의료 보건 인력 보호법'을 제정해 의료인의 권리를 명시했다. 하지만 법보다 중요한 건 인식이다. 사회가 의사를 존중해야 하는 이유, 그리고 의사가 환자를 돈이 아닌 사람으로 볼 수 있는 환경이 만들어져야 한다.

그렇다고 의료 윤리가 쇠퇴하기만 하는 건 아니다. 중국 곳곳의 병원에서는 환자의 존엄을 지키기 위한 변화가 시작되고 있다. 호스피스 환자에 대한 완화 의료(安宁疗护), 생명 연장 치료에 대한 윤리적 설명, 환자의 자기결정권 존중 등은 점점 더 많은 의사들에게 '실천해야 할 가치'로 자리 잡고 있다. 그리고 젊은 의사들 사이에서도 '좋은 의사란 무엇인가'에 대한 고민은 깊어지고 있다. 어떤 이들은 전공의 시절부터 의료윤리 세미나에 참여하고, 환자 커뮤니케이션 교육을 자발적으로 수강한다. 때로는 이런 성찰이 진료실 안의 작은 대화, 작은 배려로 이어진다. "당신의 이야기를 먼저 들려주세요."라는 말 한마디가, 신뢰의 씨앗이 된다.

결국 의료 윤리란 규범이 아니라 관계의 문제다. 사람과 사람 사이에 생기는 신뢰, 책임, 공감 그리고 때때로 고통을 나누는 용기. 의사는 사람을 살리는 사람이고, 환자는 그 사람을 믿고 생명을 맡기는 사람이다. 이 단순한 진리가 의료 현장에서 다시 회복될 때, 의료는 진짜 인간적인 얼굴을 갖게 된다.

제 5 부

의료보험 제도와 재정 구조

중국의 주요 의료보험 종류

　중국의 의료보험 제도는 겉으로 보기엔 거대하고 탄탄해 보이지만, 그 속을 들여다보면 겹겹의 불균형과 타협의 산물이다. 그중에서도 의료보험의 핵심 뼈대는 바로 세 가지 보험제도다. 도시근로자기본의료보험, 도시농촌주민기본의료보험, 그리고 신형농촌합작의료다. 각각의 제도는 서로 다른 계층, 다른 시기, 다른 정책 배경 속에서 태어났다. 그래서 오늘날까지도 보험 대상, 재원 구조, 보장 수준, 급여 방식이 다 다르다.

　먼저 도시근로자기본의료보험(城镇职工基本医疗保险, 줄여서 职工医保). 이건 중국식 사회주의 의료보험의 본류다. 1998년, 국유기업 개혁과 함께 출범했다. 대상은 명확하다. 도시의 직장인, 즉 정규직 근로자다. 보험료는 사용자와 근로자가 함께 부담하는데, 대개 월급의 약 8% 내외. 이 중 대부분은 회사가 내고, 일부만 개인이 낸다. 재원 규모가 크고 납입 주체가 확실하니 보장 수준도 높다. 보험기금은 개인 계좌(개인 통장처럼 본인이 직접 사용하는 부분)와 통합 계좌(전체 가입자가 공동 사용하는 부분)로 나뉘고, 큰 병에 걸렸을 때 병원비를 상당 부분 커버해 준다. 다음은 도시농촌주민기본의료보험(城乡居民基本医疗保险, 줄여서 居民医保). 이건 도시 무직자와 농촌 주민을 위한 제도다. 원래는 도시주민보험과 신농합이라는 두 개의 제도였지만, 2016년부터 '도농일체화'를 추진하면서 이 둘을 합쳐 현재의 주민보험 체계가 되었다. 보험료는 아주 저렴한 편이다. 연간 300위안~500위안 수준. 대신 이 비용의 절반 이상을 지방정부가 보조한다. 보장 범위는 좁고, 본인 부담률은 높다. 대형병원 이용도 제한이 있다. 말하자면, 가장 기본적인 보장만 가능한 '의료의 기초 안전망' 같은 성격이다. 그리고 마지막으로, 역사적으로도 상징성이 큰 신형농촌합작의료(新型农村合作医疗, 줄여서 新农合). 이건 사실상 농촌판 의료공동체였다. 2003년 사스 사태 이후 농촌 의료의 붕괴를 막기 위해 국가가 도입한 제도다. 원칙은 '합작'이지만, 현실은 '국가 보조에 의존'하는 구조였다. 처음엔 진료비의 20~30% 정도만 보장했지만, 시간이 지나면서 보장 비율은 조금씩 올라갔다. 다만 구조적 한계는 여전했다. 의료 시설은 열악하고, 의료 인력은 부족하고, 행정은 비효율적이었다. 결국 2016년 이후 도시주민보험과 통합돼 지금의 주민보험 체계에 편입되었다. 도시 직장인은 職工医保, 그 외의 사람은 居民医保. 한때 농촌은 新农合이 따로 있었지만, 이제는 역사 속으로 통합되었다.

중요한 건, 이 세 제도의 '보장 격차'가 매우 크다는 점이다. 職工医保는 대형병원도 자유롭게 이용하고, 보험 한도도 높고, 본인 부담률도 낮다. 반면 居民医保는 기본 진료만 커버되고, 고급 치료나 외래 진료에는 제한이 많다. 이 때문에 직장인을 제외한 대부분의 국민은 여전히 의료비 부담을 체감하고 있다. 통계에 따르면, 현재 중국 인구의 약 95%가 의료보험에 가입돼 있지만, 실제 의료 이용의 접근성이나 비용 부담 측면에서는 소득 수준과 지역에 따라 격차가 심하다. 중국 정부도 이를 모르는 건 아니다. 그래서 최근에는 '중병보험(大病保险)', '장기요양보험(长期护理保险)' 등의 보조 제도를 도입하며 보장 수준을 올리려 하고 있다. 하지만 근본적으로는 보험의 재정 구조, 지불 방식, 병원의 수익 구조가 바뀌지 않으면 겉돌 수밖에 없다.

보험은 단지 치료비를 나눠 내는 시스템이 아니라 사회 구성원 모두가 '함께 살자'고 약속하는 제도다. 중국의 세 가지 의료보험 제도는 아직 완전하진 않지만, 가장 기본적인 의료 접근권을 보장하려는 노력의 역사적 흔적이라 할 수 있다. 이제 그 위에 어떤 신뢰의 건축물을 지을지는, 중국 정부와 시민의 '사회적 계약'에 달려 있다.

의료비 보장 수준 및 격차

의료보험이 있다는 건, '아플 권리'가 보장된다는 뜻이다. 하지만 모든 사람이 같은 병원에서 같은 치료를 받을 수 있다고 믿는 건 환상이다. 중국도 예외는 아니다. 중국 의료보험의 현실은 '가입했느냐'보다 '무슨 보험에 가입했느냐'가 훨씬 중요하다. 그리고 이 질문에 대한 답은, 다시 그 사람의 직업, 거주 지역, 나이, 소득 수준 같은 사회경제적 조건으로 이어진다. 이게 바로 의료비 보장 격차의 본질이다.

먼저 보험 종류에 따른 차이다. 앞에서 말한 것처럼 중국의 기본 의료보험은 대체로 도시근로자보험(职工医保)과 도시농촌주민보험(居民医保) 두 축으로 나뉘는데, 이 둘 사이에는 보장 범위와 수준에서 현격한 차이가 존재한다. 직장인이 가입한 도시근로자보험(职工医保)은 상대적으로 혜택이 좋다. 대도시 기준으로 입원

시 의료비의 60~80% 이상을 보험이 커버해 준다. 개인이 부담해야 할 비율이 낮고, 연간 보장 한도도 넉넉하다. 게다가 좋은 병원, 이름난 의사를 자유롭게 선택할 수 있는 의료 선택권도 꽤 보장된다. 이 정도면 어느 나라와 비교해도 나쁘지 않은 조건이다.

반면, 도시농촌주민보험(居民医保)은 다르다. 연간 보험료는 몇백 위안에 불과하지만, 보장 수준도 그에 맞춰 제한적이다. 입원비는 보장하되, 외래 진료비는 대부분 본인 부담이다. 그리고 고급 병원일수록 보험 적용 비율은 줄어든다. 결국 돈이 부족한 사람일수록 병을 키우게 되고, 큰 병이 되면 가족 전체가 재정적으로 휘청이는 일이 반복된다.

보험 유형 외에도, 지역 간 격차는 생각보다 심각하다. 중국은 전국 단일 보험 시스템이 아니라 시(市) 단위로 보험을 운영한다. 다시 말해, 보험기금도 각 도시나 지역에서 모아 각자 쓰는 구조다. 이건 중국 의료보험의 태생적 한계이자, 가장 큰 불평등의 원인이다. 베이징, 상하이 같은 대도시에서는 보험기금이 넉넉하다. 고급 병원도 많고, 의료 인프라도 좋다. 하지만 서부 내륙이나 농촌 지역은 다르다. 보험기금 자체가 부족하고, 병원은 작고, 의료 인력도 적다. 그 결과, 같은 병이라도 어디에 사느냐에 따라 치료 수준과 본인부담금이 달라지는 상황이 벌어진다. 한 예로, 암 환자가 베이징에서 치료받으면 연간 20만 위안짜리 항암 치료의 70% 이상을 보험으로 처리할 수 있지만, 농촌 지역에서는 절반도 안 되는 보장이 이뤄지는 경우가 많다. 치료 효과보다 지갑 사정이 먼저 고려되는 현실. 의료의 형평성이라는 기준에서 보면 참 아픈 대목이다.

물론 정부도 이런 문제를 모르진 않는다. 그래서 2012년부터 '대병보험(大病保险)' 제도를 도입했다. 이건 기본 의료보험을 초과한 고액 의료비의 일정 부분을 추가로 보장해 주는 제도다. 그리고 최근에는 의료보장국(国家医保局)을 신설해 보험의 전국 통합과 격차 완화를 추진 중이다. 하지만 여전히 정책은 빠르고, 현실은 느리다. 문제는 의료비 그 자체도 빠르게 오르고 있다는 점이다. 중국의 병원은 수익 구조상 '환자가 많을수록 좋고, 검사나 시술이 많을수록 수익이 난다'는 방식으로 운영된다. 그래서 불필요한 검사, 과잉 진료가 만연해 있고, 이것이 '의료비 증가 → 보험기금 부담 증가 → 본인 부담률 증가'라는 악순환을 만든다. 중국 정부는 최근 몇 년 사이 약 가격을 인하하고, 보험 정산 시스템을 강화하는 등 개혁을 추진하고 있다. 하지만 이런 시도는 아직 '의료 격차를 줄이기엔 역부족이다. 의료가 사람의 생명과 직결된다는 점에서 누구든 필요한 치료를 받을 수 있는 최소한의 보장은 필수다.

의료 보장은 단순히 경제정책이 아니다. 사회 정의의 문제다. 중국은 95%의 의료보험 보급률을 자랑하지만, 그 안에 숨어 있는 격차는 여전히 해소되지 않았다. 보장 범위, 본인 부담률, 병원 선택권, 치료 접근성 등에서의 차이를 줄이는 일은 이제 단순한 제도 개선이 아니라 국가가 지켜야 할 도덕적 책무가 되어야 한다.

보험 정산 및 의료기관 재무 구조

병원은 공공기관인가, 아니면 수익을 내야 하는 기업인가? 중국에서 이 질문은 단순하지 않다. 그리고 그 해답은 '보험 정산'이라는 지점에서 가장 명확하게 드러난다.

중국의 의료기관은 기본적으로 정부 소유인 공립 병원이 중심이다. 하지만 운영 방식은 놀랄 만큼 시장 논리에 가깝다. '정부 소속'이면서도 수익을 스스로 내야 하고, 직원 급여나 병원 운영비도 대부분 병원 자체 수입으로 충당해야 한다. 이 구조가 바로 중국 병원이 갖는 독특한 재무 체계의 출발점이다. 보험 정산이란 쉽게 말해, 병원이 환자 대신 의료보험기관으로부터 진료비를 받아 내는 과정이다.

중국은 현재 대부분의 의료보험이 직불제를 택하고 있다. 즉, 환자는 진료나 입원을 받을 때 일정 비율만 본인이 부담하고, 나머지는 병원이 의료보험공단에 청구해서 받는 방식이다. 이때 적용되는 규칙과 절차는 각 지역 의료보험국의 시스템에 따라 천차만별이다. 문제는 이 정산 방식이 병원의 진료 패턴과 수익 모델에 직접적인 영향을 미친다는 것이다. 의료보험은 모든 치료비를 100% 보장하지 않는다. 병원은 보험이 적용되는 항목과 비율을 고려해서 진료 전략을 짠다. 가령, MRI는 보험 적용이 잘되지만 최신 고가 약은 보장 비율이 낮으면 의사도 환자에게 권유를 주저한다. 심한 경우, '이건 보험 안 되니까 다른 검사로 돌리자'는 식의 현실 타협도 발생한다. 중국 병원의 수익 구조는 대체로 세 가지 축으로 이뤄진다. 첫째는 정부의 보조금, 둘째는 의료 서비스 수입, 셋째는 약품 및 검사 수익이다. 이 중에서 정부 보조금은 전체 예산의 10~15% 정도이 불과하고, 나머지 대부분은 병원 자체 영업을 통해 확보해야 한다. 이 말은 곧 병원이 '의료기업'처럼 행동할 수밖에 없다는 뜻이다. 이런 구조는 여러 문제를 낳는다. 대표적인 것이 의사에게 주어지는 실적 평가제다. 중국 병원에서는 의사들도 매월 진료 실적, 검사 건수, 약 처방 건수에 따라 인센티브를 받는다. 그러다 보니 자연스럽게 검사 남발, 약물 과잉 처방, 불필요한 입원 권유 같은 행위가 늘어나게 된다.

이것이 중국에서 의료비가 빠르게 상승하는 주요 원인이기도 하다. 의료보험기관 입장에서는 이러한 과잉 진료를 통제하려고 노력한다.

그래서 최근 몇 년 사이, '총액예산제(总额预算)'와 '질병군별 포괄지불제(DRG)' 같은 제도를 도입했다. 총액예산제는 말 그대로 병원이 1년간 보험으로 청구할 수 있는 총액을 사전에 정해 주는 방식이다. 이를 초과하면 병원이 손해를 본다. DRG는 질병별로 표준 진료비를 책정해서 과잉 진료를 억제하는 제도다. 이런 방식은 병원의 과잉 진료를 줄이는 데 도움이 되지만, 동시에 환자의 선택권을 제약하고, 병원의 재무 건전성에 압박을 준다. 특히 지역 소형 병원이나 민간 의료기관의 경우, 수익 감소로 인한 인력 유출이나 진료 품질 저하로 이어질 위험도 존재한다. 한편, 정산 속도와 투명성 문제도 여전히 개선 과제다. 대도시의 병원들은 전자 정산 시스템과 실시간 데이터 분석을 통해 보험 정산을 빠르게 처리하지만, 농촌이나 중소 도시에서는 종이 문서 기반의 수작업 정산이 여전히 남아 있다. 심사 지연, 보험금 지급 누락, 병원-정부 간 갈등이 빚어지기도 한다. 정부는 현재 국가의료보장정보 플랫폼을 전국적으로 확산시켜, 의료 정산의 통일화와 자동화를 추진 중이다. 하지만 31개 성이 각자 다른 보험 시스템과 재정 규모를 가지고 있는 현실에서 완전한 통합은 아직 갈 길이 멀다. 결국, 병원이 의료기관인지 수익기관인지에 대한 해묵은 질문은 보험 정산과 재무 구조를 보면 조금은 명확해진다.

중국의 병원은 공공성과 수익성 사이의 줄타기를 반복하면서, 여전히 진통 중이다. 그리고 이 줄타기의 밑바닥에는 '누가 보험을 얼마나 부담하고, 누가 얼마만큼 돌려받는가'라는 질문이 숨어 있다. 이 질문에 대한 답이 앞으로 중국 의료 개혁의 방향을 결정하게 될 것이다.

민간의료보험과 상업보험시장

 공공보험으로 모두를 커버할 수 있다면야 좋겠지만, 현실은 언제나 이상보다 한 발 느리고 어설프다. 중국도 마찬가지다. 공공의료보험은 기초는 제공하지만, 그 이상을 원하면 결국 개인이 움직여야 한다. 그 틈을 파고든 것이 바로 민간의료보험, 즉 상업보험이다.
 중국의 민간의료보험 시장은 비교적 늦게 출발했다. 하지만 최근 몇 년 사이 그 성장 속도는 눈부시다. 2023년 기준으로 상업건강보험의 전체 보험료 수입은 약 9,000억 위안을 넘었고, 가입자 수도 빠르게 증가하고 있다. 왜 이렇게 급성장했을까? 이유는 간단하다. 공공의료보험만으로는 치료비 전부를 감당하기 어렵기 때문이다. 예를 들어, 암 진단을 받고 고가의 표적치료제를 사용해야 하는 경우, 공공보험은 일부만 보장하거나 아예 보장하지 않는다. 또 중대 질병으로 인한 입원 비용이 수만 위안에서 수십만 위안에 달하는 경우도 흔하다. 이때 민간의료보험은 공공보험의 사각지대를 보완해 주는 역할을 한다.

중국에서 판매되는 민간의료보험은 크게 세 종류로 나뉜다. 하나는 중대질병보험(重大疾病险)으로, 암, 심혈관질환, 신부전 같은 고위험 질환 진단 시 일시금으로 보험금이 지급된다. 다른 하나는 입원 의료비 실손형 보험(医疗费用补偿险)으로, 실비로 병원비를 환급해 준다. 그리고 최근 급성장한 형태가 '惠民保(후이민바오)'라는 이름의 지역형 정부-민간 연계 보험이다. '惠民保'는 2020년부터 여러 도시에서 도입되기 시작했는데, 보험료는 1년에 고작 100~200위안 수준이다. 하지만 커버 범위는 놀랍다. 고가의 희귀약, 항암 신약, 보험 미적용 치료 등도 일부 보장이 가능하다. 이 보험의 핵심은 지방정부가 협조하고, 보험사는 리스크를 분산하고, 병원이 치료 데이터를 공유하는 삼각 협력 구조에 있다. 중국 정부는 이를 통해 공공보험의 한계를 메우고, 민간 보험시장의 기반을 확장하려 한다.

하지만 민간의료보험이 모든 문제의 해답은 아니다. 먼저, 도시-농촌 간, 동부-서부 간의 가입률 격차가 크다. 도시 중산층 이상은 비교적 잘 가입하지만, 농촌 주민이나 저소득층은 여전히 접근성이 낮고, 인식도 부족하다. 둘째, 보험 상품의 구조가 복잡하고 불투명하다는 점도 문제다. 일부 민간 보험은 면책 조항이 지나치게 많고, 보험금 지급이 지연되거나 거절되는 경우도 빈번하다. 또 하나 주목할 점은, 인터넷 플랫폼 기업들의 진출이다. 알리바바, 텐센트, 핑안그룹 등은 자체 보험 판매 플랫폼을 통해 맞춤형 보험을 쏟아 내고 있다. AI 기반으로 보험료를 계산하고, 병원 데이터와 연계해 자동 정산까지 구현하려는 시도도 있다. 이른바 '인터넷+보험(互联网+保险)' 모델이다. 한편, 이러한 상업보험의 성장은 의료계 내부에도 긴장을 유발하고 있다. 병원 입장에서는 고급 보험 가입 환자를 우선시하거나, 고가 치료 위주로 흐를 가능성이 커진다. 의료가 다시 '돈이 있는 사람에게 더 유리한 시스템'으로 기울 수 있다는 우려다. 중국 정부도 이 점을 인식하고, 민간보험 규제와 소비자 보호 장치를 강화하려는 움직임을 보이고 있다. 국가의료보장국은 각 지역 '惠民保'의 표준화와 보험사 감독을 강화하고 있으며, 보험사 간 정보 공유 및 리스크 조정 메커니즘도 검토 중이다.

결국 민간의료보험은 중국 의료 시스템의 '보완재'지 '대체재'는 아니다. 국가는 기본을 제공하고, 민간은 그 위에 선택지를 얹는다. 중국식 모델의 특징은 바로 이 '다층의료보장체계(多层次医疗保障体系)'에 있다. 한 가지 제도로 모두를 만족시킬 수 없다면 여러 층을 쌓아 가면서 해결하자는 전략이다.

그 과정에서 우리는 하나의 질문을 떠올리게 된다. '건강은 권리인가, 상품인가?' 민간의료보험은 이 질문에 대해 또 하나의 현실적인 답을 제시한다. 권리는 지켜야 하고, 상품은 구매해야 한다. 중국은 지금 그 둘 사이의 줄타기를 다시 시작하고 있다.

의료 재정의 지역 간 불균형

중국은 넓다. 정말 넓다. 이 나라에서 베이징에서 광저우까지 비행기를 타고 3시간, 기차로는 하루가 넘게 걸린다. 동부 해안 도시들은 고층 빌딩과 스마트 병원으로 가득하지만, 서부 내륙의 작은 현에서는 아직도 낡은 벽돌 병원에 오래된 청진기가 전부다. 이 차이는 단순히 '거리'의 문제가 아니다. '돈'의 문제이기도 하다.

중국의 의료 재정은 본질적으로 지역 기반의 분권형 구조를 따른다. 즉, 의료 예산의 상당 부분이 지방정부에 의해 편성되고 집행된다. 그러다 보니 지방의 재정력 차이가 의료의 질과 접근성에 그대로 반영된다. 상하이나 광저우 같은 경제 중심지에선 최신 장비와 고급 인력을 갖춘 3급갑 병원이 즐비한 반면, 간쑤나 티베트 같은 지역은 응급 의료 체계도 부족하고, 전문의 한 명 확보하는 데도 애를 먹는다. 예를 들어 보자. 2022년 상하이의 1인당 의료 관련 재정 지출은 5,000위안에 달했지만, 서부 내륙의 일부 성에서는 1,000위안에도 미치지 못한다. 그 차이는 단순한 수치의 문제가 아니라 삶의 질과 생존율을 가르는 문제다.

의료보험 재정도 마찬가지다. 중국의 의료보험은 전국 단위로 운영되는 것처럼 보이지만, 실제 정산은 '도시별 풀(Pool)' 단위로 관리된다. 즉, A도시에서 걷힌 보험료는 A도시 주민을 위해 쓰이고, B도시는 B도시대로 따로 운영된다. 문제는 부유한 도시일수록 보험재정이 넉넉하고, 가난한 지역일수록 의료비 보장률이 낮다는 점이다. 중앙정부도 이 문제를 모르지 않는다. 그래서 등장한 것이 바로 '성급 통합(省級統籌)'이라는 정책이다. 이는 최소한 성(省) 단위로 보험 재정을 통합해 도시 간 격차를 완화하자는 시도다. 2023년 기준으로 대부분의 성이 이 정책을 시행 중이지만, 여전히 '시(市) 단위 조정권'을 놓지 않으려는 지방의 저항도 만만치 않다.

또한, 의료 인프라 투자 역시 지역 편차가 크다. 2021년, 중국 전체 병상 수는 평균 인구 1,000명당 6.7개 수준이었지만, 베이징은 9.6개, 티베트는 3.5개에 불과했다. 게다가 고급 병상, CT·MRI 같은 고가 장비의 분포는 거의 대부분이 동부 대도시에 집중되어 있다. 이처럼 의료 재정의 불균형은 단순한 경제 문제가 아니라 사회 정의와 직결되는 문제다. 가난한 지역일수록 질병에 취약하고, 그에 대응할 시스템은 부실하다. '건강의 기회'가 지역별로 차등 지급되는 셈이다. 중국이 '全民健康(전민 건강)'을 말하면서도 '지역별 생존권의 격차'를 해결하지 못한다면, 그 비전은 공허한 구호에 그칠 수밖에 없다. 정부는 '의료 자원의 균형 배치'라는 명분 아래 서부 대개발 정책에 의료 인프라 확충을 포함시켰고, 최근엔 '의료 원격 진료'와 같은 디지털 헬스케어 방식을 통해 격차 해소를 시도하고 있다. 하지만 디지털 기술이 아무리 빠르게 발전해도 결국 현장에 의사가 없고, 환자와 얼굴을 마주할 사람이 없다면, 그건 진짜 치료가 아니다.

앞으로 중국이 '균형 발전'이라는 말을 진심으로 실천하려면 재정을 넘어서 인재의 흐름, 제도 설계, 사회적 인식의 변화까지 함께 움직여야 한다. 지역 격차는 단지 숫자의 차이가 아니다. 그건 곧 삶의 불균형이고, 더 나아가 국가적 신뢰의 문제다.

제 6 부

의료 수요와 환자 행동

인구 고령화와 만성질환 증가

사람이 늙는다는 것은, 곧 의료의 문제가 된다는 뜻이다. 이 단순한 진실을 마주하기까지 중국은 오랜 시간이 걸렸다.

중국은 한때 '젊은 나라'였다. 한 자녀 정책 덕분에 인구는 효율적으로 관리됐고, 도시화와 산업화에 속도를 붙였다. 그러나 그 이면에서 태어난 아이들은 점점 줄었고, 남아 있던 노인들은 천천히, 그러나 확실하게 늘어났다. 2023년 기준으로 60세 이상 인구는 3억 명을 넘었다. 전 세계에서 가장 많은 숫자다. 그 결과, 중국은 이제 '급속 고령화 사회'에 진입했다. 세계보건기구 기준으로 65세 이상 인구가 전체의 14%를 넘으면 고령사회로 본다. 중국은 이미 그 문턱을 훌쩍 넘어섰다. 문제는 이 고령화가 단순히 숫자의 증가에 그치지 않는다는 점이다. 그에 따라 질병의 구조가 달라지고, 의료의 방향이 바뀌고, 정부의 부담도 커진다. 대표적인 것이 만성질환이다. 노인 인구의 절반 이상이 고혈압, 당뇨, 심혈관계 질환, 골관절염 같은 만성질환 한 가지 이상을 안고 산다. 젊은 시절처럼 '한 번 수술하고 끝나는' 문제가 아니다. 만성질환은 지속적인 관리와 생활 습관의 조정, 정기적인 검사와 약물 치료가 필요하다. 즉, '치료'보다는 '관리'의 시대로 넘어가는 것이다.

그러나 지금의 중국 의료 체계는 여전히 급성질환 중심이다. 병원은 '치료하는 곳'이지 '돌보는 곳'은 아니다. 특히 1차 의료기관—지역 병원이나 커뮤니티 건강센터—은 여전히 신뢰도가 낮고, 고령 환자들은 큰 병원을 찾는다. 그 결과, 3차 병원 외래 진료실은 만성질환 환자로 넘쳐난다. 의사는 진료보다 '시간 관리'에 바쁘고, 환자는 진료 대기만 몇 시간이다. 여기에 더해 고령화는 의료 외의 부담도 안긴다. 노인은 혼자 병원을 찾기 어렵고, 약을 기억해 복용하기도 쉽지 않다. 가족 돌봄 체계는 도시화로 느슨해졌고, 요양병원이나 재가 돌봄 시스템은 아직 초기 단계다. 노인 환자의 '생활과 병'을 함께 돌볼 수 있는 구조가 부족하다.

정부는 이런 흐름을 의식해, 2016년부터 〈건강중국2030〉이라는 중장기 계획을 추진 중이다. 그 핵심 중 하나가 바로 '만성질환의 예방과 관리 강화'다. 동네 병원에 혈압·혈당 관리 시스템을 도입하고, 건강 기록을 전산화하며, 스마트 기기를 활용한 원격 건강 모니터링도 시도되고 있다. 하지만 시스템이 기술만으로 작동하는 것은 아니다. 사람이 움직여야 하고, 신뢰가 쌓여야 하며, 제도가 따라 줘야 한다. 또한 고령화와 만성질환 증가는 의료비 증가라는 숫자로도 돌아온다. 2022년 중국의 의료 총지출은 8조 위안에 육박했고, 이 중 노인층이 차지하는 비율은 점점 더 커지고 있다. '병원비가 집값보다 무섭다'는 농담이 실제가 되는 순간이다. 그렇다고 노인을 치료하지 않을 수도 없고, 사회적 부담을 외면할 수도 없다. 고령화는 숫자의 문제가 아니다. 그건 사회의 구조가 바뀌고, 의료의 철학이 바뀌고, 삶의 리듬이 바뀐다는 이야기다.

중국은 지금 그 전환점에 서 있다. 그 전환을 지혜롭게 넘어가야 할 이유는 단 하나, 사람은 누구나 늙기 때문이다. 그것도, 생각보다 빠르게.

1차 의료기관의 이용 저조 문제

'병이 생기면 병원에 간다.' 이 단순한 문장은, 사실 나라에 따라 전혀 다른 그림을 그린다.

영국이나 캐나다처럼 공공 의료 체계가 잘 잡힌 나라에선, 먼저 동네 가정의를 찾아간다. 1차 의료기관에서 진료를 받고, 필요한 경우에만 큰 병원으로 간다. 이건 제도가 그렇게 설계되어 있기 때문이기도 하고, 시민들이 그런 시스템을 믿기 때문이기도 하다. 하지만 중국에서는 다르다. 감기 하나 걸려도, 어깨가 좀 결려도 곧장 3급갑 병원을 찾아간다. 수도 베이징의 유명 병원 외래 진료실엔 새벽부터 줄을 선 환자들이 바리바리 도시락을 싸 들고 앉아 있다. 혹시라도 좋은 의사를 만나지 못할까 봐. 그들의 표정엔 두려움과 절박함이 동시에 깔려 있다. 왜 이런 일이 벌어질까? 답은 간단하다. 동네 병원을 믿지 않기 때문이다.

중국은 행정구역 단위로 커뮤니티 건강센터(社区卫生服务中心) 혹은 향진위생원(乡镇卫生院)이라는 1차 의료기관을 운영하고 있다. 이곳들은 주민 등록지 기준으로 가까운 거리에 위치해 있으며, 감기, 고혈압, 당뇨 같은 흔한 질병을 진단하고 관리하는 기능을 맡고 있다. 정부도 "小病在社区, 大病进医院(작은 병은 동네에서, 큰 병은 병원에서)"라는 구호를 열심히 외쳤다. 그런데 실제 이용률은 매우 낮다. 2021년 기준으로 전체 외래 진료 중 커뮤니티 센터의 점유율은 30% 남짓. 상급병원이 1차 의료의 역할까지 다 떠안고 있는 구조다. 문제는 단순한 '이용률'이 아니다. 진짜 핵심은, 사람들이 왜 1차 의료기관을 '기피'하는가에 있다. 첫째는 의료 인력의 수준 문제다. 대형 병원엔 박사 학위 의사, 풍부한 임상 경험을 가진 전문가들이 있다. 반면, 동네 병원에는 대부분 중졸·고졸 출신의 조력의사(助理医师)나 임시 계약직이 많다. 환자들은 '이런 의사한테 내 병을 맡길 수 있을까?'하고 의심한다. 둘째는 시설과 장비의 격차다. CT, MRI는 고사하고, 제대로 된 혈액 검사도 어려운 경우가 많다. 환자는 "어차피 이 병원에선 진단도 못 한다"고 판단하고, 곧장 상급병원으로 향한다. 셋째는 정보 부족과 신뢰 결핍이다. 1차 의료기관이 어떤 서비스를 제공하는지, 어느 정도까지 진료 가능한지에 대한 정보가 거의 없다. 국가가 아무리 예산을 퍼부어도 주민 마음에 신뢰가 심어지지 않으면 발길은 돌아서지 않는다. 그러나 이 구조는 병원을 과밀하게 만들고, 의료비를 폭등시키며, 의사의 과로와 의료 사고 위험까지 높인다. 결국 사회 전체가 손해 보는 게임이다.

이를 해결하기 위해 중국 정부는 몇 가지 실험을 시작했다. 대표적인 것이 가정의 계약서비스 제도(家庭医生签约服务)다. 주민과 1차 의료기관 의사가 '계약'을 맺고, 건강 상담·예방·약물 조정 같은 서비스를 지속적으로 제공하는 방식이다. 또한 건강 기록을 통합하고, 상급 병원과의 진료 연계 시스템을 구축하려는 시도도 이어지고 있다. 하지만 이 모든 시도가 성공하려면 한 가지 전제가 필요하다. 환자가 먼저 1차 의료기관을 '신뢰'해야 한다는 것. 신뢰는 법으로 강제할 수 없다. 그건 수치로 설득되는 게 아니라 경험으로 쌓이는 것이다. 동네 병원에서 아픈 어르신에게 다정하게 혈압을 재 주고, 아이의 감기를 천천히 설명해 주는 의사가 한 명, 두 명 늘어날 때 비로소 환자들은 '굳이 먼 병원까지 가지 않아도 되겠다'고 느끼게 된다.

'1차 의료 강화'는 단순한 시스템 설계의 문제가 아니다. 그건 의료의 인간화, 지역사회와의 접촉면, 그리고 신뢰 회복의 과제다. 중국이 의료의 미래를 고민한다면 그 출발점은 가장 가까운 거리, 즉 동네 병원에서부터 시작해야 할 것이다.

대형병원 쏠림 현상

중국 사람들이 병원에 대해 가장 자주 쓰는 표현이 있다. 바로 '看病难, 看病贵'. 진료받기 어렵고, 병원비는 비싸다는 뜻이다. 이 말은 단순한 푸념이 아니다. 수억 명이 겪는 구조적 고통을 압축한 다섯 글자다.

중국 의료의 가장 큰 병폐 중 하나는 대형병원 집중 현상이다. 전국의 환자가 대도시, 특히 3급갑 병원으로 몰려든다. 베이징, 상하이, 광저우의 유명 병원은 연일 외래 대란이다. 아침 5시에 가서 번호표를 받아도 실제 진료는 오후 3시. 5분 만에 진료가 끝나도 10시간을 기다린다. 왜 이런 일이 벌어질까? 대형병원은 단지 규모만 큰 것이 아니다. 의료 장비가 최신이고, 의사도 수준이 높으며, 병상도 많다. 무엇보다 '믿을 수 있다'는 인식이 있다. 사람들은 큰 병원에 가야만 제대로 진료받을 수 있다고 생각한다. 하지만 이런 인식이 사회 전체에 퍼지면 어떤 일이 벌어질까? 답은 간단하다. 시스템이 붕괴한다. 중국의 3급갑 병원은 원래 중증 환자와 희귀 질환 중심으로 설계된 상급 의료기관이다. 그런데 실제론 감기, 두통, 허리 통증 같은 경증 환자들도 몰려든다. 의사 한 명이 하루 60명, 길어야 5분. 환자와 의사의 대화는 '이름-증상-처방'으로 끝난다. 이런 상황에서 '신뢰'는 사라지고, '오진'과 '불신'이 자란다. '看病难(진료받기 어렵다)'는 말은 단순히 병상이 부족해서가 아니다. 모두가 한 방향으로만 몰리기 때문에 생긴다. 사람들은 작은 병원은 못 믿고, 큰 병원은 너무 붐빈다고 불평한다. 하지만 문제는 병원 크기가 아니라 믿음과 분산의 문제다.

그리고 그다음 단계에서 등장하는 말이 '看病贵(진료비가 비싸다)'다. 중국의 의료는 기본적으로 '공공 서비스'로 출발했지만, 1990년대 개혁개방 이후 점차 시장화의 길로 들어섰다. 의료기관은 수익을 내야 하고, 의사는 진료 외에도 처방과 검사에서 '성과'를 내야 했다. 이 과정에서 발생한 것이 '의료 과잉'이다. 불필요한 CT, 과도한 혈액검사, 이름도 모를 수입 약 처방. 환자는 자신에게 어떤 검사가 왜 필요한지 잘 모른다. 다만 영수증을 보며 한숨을 쉰다.

정부는 이 문제를 해결하기 위해 여러 대책을 내놓았다. 예를 들면 '분급진료제도(分级诊疗制度)'. 경증은 1차 의료기관에서, 중증은 상급 병원에서 진료하게끔 유도하는 시스템이다. 또는 예약 진료제, 온라인 진료 확대, 보험 수가 차등 적용 같은 장치도 마련했다. 하지만 제도가 있다고 사람 마음이 바뀌진 않는다. 가장 중요한 건 신뢰의 회복이다. 작은 병원이든 중간 병원이든, 환자가 '여기서 진료받아도 괜찮다'고 느낄 때 비로소 대형병원 쏠림 현상은 줄어든다. 또 하나 중요한 건 의료 인력의 분산이다. 베이징대 인민병원이나 푸단대 화산병원 같은 곳에만 우수 인력이 몰려 있으면 환자도 당연히 그쪽으로 몰린다. 지역 병원에 좋은 의사, 좋은 장비, 친절한 응대가 있다면 사람들은 꼭 대도시까지 가지 않을 것이다.

'看病难, 看病贵'는 단순한 불만이 아니다. 그건 시스템이 시민의 일상을 감당하지 못하는 신호다. 중국의 의료 개혁은 이 다섯 글자에 응답할 수 있어야 한다. 좋은 병원이란, 유명한 병원이 아니라 '아플 때 가까이 있고, 믿고 갈 수 있는 병원'이어야 하니까.

환자의 의료 정보 활용 및 디지털화

중국의 병원을 처음 가 본 외국인은 보통 이런 생각을 한다. '이 많은 환자를 어떻게 다 관리하지?' 그런데 놀랍게도, 그 혼란 속에서도 시스템은 돌아간다. 그 배경에는 의료 디지털화라는 보이지 않는 엔진이 있다.

중국은 세계 어느 나라보다도 의료 정보의 디지털화 속도가 빠르다. 병원 예약부터 결제, 검사 결과 확인, 약 수령까지 스마트폰 하나면 끝난다. '支付宝(알리페이)'나 '微信(위챗)' 앱으로 병원 예약을 하고, QR코드로 진료를 접수하고, 검사 결과는 앱 알림으로 확인한다. 이 모든 게 가능한 이유는 하나, 국가 차원의 디지털 전환 정책과 민간 IT 기업의 협력 덕분이다. 2016년 중국 국무원은 〈건강중국2030〉을 발표하면서 의료정보화를 핵심 과제로 설정했다. 이후 각 성과 도시에서는 의료 클라우드 플랫폼을 구축하기 시작했고, '인터넷+의료(互联网+医疗)'라는 말이 보건의료 영역의 슬로건처럼 되었다. 예컨대 저장성(浙江省)은 '건강코드(健康码)'로 유명해졌고, 광둥성은 '스마트 병원' 시범 사업을 통해 90% 이상의 병원이 전자 건강 기록을 갖췄다. 의사들은 환자의 과거 진료 기록을 클라우드에서 바로 확인하고, 환자 역시 본인의 진료 이력을 앱으로 볼 수 있다.

그러나 여기엔 한 가지 아이러니가 있다. 정보는 많지만, 활용은 아직 서툴다. 중국 환자들은 의료 기록을 '소유'하긴 하지만 그 정보를 '이해'하거나 '활용'하는 데에는 익숙하지 않다. 왜 이 검사를 받았는지, 어떤 수치가 정상인지, 그 수치가 어떤 의미인지에 대해선 여전히 의사에게 의존한다. 의사들도 환자에게 상세히 설명하기보단 "이건 표준 절차니까 받으세요."라는 식으로 대응하는 경우가 많다. 결국 정보는 쌓이지만, 의사소통은 여전히 일방향이다. 게다가 디지털화가 모든 문제를 해결하는 것은 아니다. 정보의 중앙 집중, 개인정보 유출 가능성, 디지털 소외 계층의 배제 등 새로운 사회적 문제도 함께 등장하고 있다. 예를 들어, 시골에 사는 노인들은 스마트폰 앱을 잘 다루지 못해 여전히 병원에서 종이로 접수표를 받아 줄을 선다. 디지털 기술이 의료 접근성을 높이기도 하지만 동시에 새로운 '디지털 격차'를 만들기도 한다. 이런 가운데 중국 정부는 2021년부터 '의료 빅데이터 통합 플랫폼' 구축을 본격화하고 있다. 전국의 병원 데이터를 표준화하고, AI 기반 진료 보조 시스템을 통해 진단 정확도도 높이겠다는 계획이다. 또한 '스마트 의료 AI' 분야에 거액을 투자해 질병 예측, 맞춤형 치료, 원격 진료 등에 기술을 접목하고 있다.

문제는 기술보다 사람이다. 의료정보화가 성공하려면 환자에게 정보를 설명해 줄 사람, 그리고 환자가 그 정보를 신뢰할 수 있는 시스템이 필요하다. 결국 중요한 건 '환자가 정보의 주체로 설 수 있느냐'는 것이다. 의료 디지털화는 기술의 문제가 아니라 신뢰와 소통의 방식을 바꾸는 일이기도 하다. 중국은 지금 의료의 '현대화'와 '인간화'라는 두 개의 과제를 동시에 끌고 가고 있다. 디지털은 속도를 높이지만, 진짜 치유는 천천히, 사람 사이에서 일어난다는 걸 우리 모두 잊지 않아야 한다.

환자-의사 간 갈등과 신뢰 위기

의사와 환자. 이 둘은 원래 한편이어야 한다. 병을 이겨 내기 위한 공동의 목표를 가진 '동맹'이어야 한다. 하지만 중국의 병원 현장에선 이들이 서로를 '적'처럼 대하는 순간이 생긴다. 그리고 그건 드문 일이 아니다.

"看病难, 看病贵(진료받기 어렵고, 비싸다)." 이 말에는 두 가지 의미가 담겨 있다. 하나는 병원에 가도 오래 기다려야 하며, 다른 하나는, 진료 한 번에 돈이 많이 든다는 뜻이다. 이 두 가지 불만은 환자를 의심하게 만든다. '이 의사가 나를 정말 치료하려는 걸까, 아니면 검사비를 올리려는 걸까?' 의사는 말한다.

"우리는 최선을 다하고 있다. 시스템이 문제지 우리가 무슨 잘못이냐고."

맞는 말이다. 중국 의사들은 하루 수십 명씩 진료를 본다. 어떤 대형병원에선 진료 한 건당 3분도 안 걸린다. 그 속에서 공감과 신뢰는 숨을 쉴 공간조차 없다. 이런 상황에서 환자와 의사 사이에 생기는 불신은 점점 더 깊어졌다. 통계에 따르면, 중국에선 매년 수백 건의 의료 분쟁이 발생한다. 그중 일부는 폭력 사건으로까지 번진다. 의사를 폭행하거나, 병원에 항의 시위를 벌이거나, 심지어 극단적인 사건도 있었다. 그래서 중국 병원에는 보안 요원이 많다. 외국인이 처음 보면 당황할 수도 있다.

"병원에 왜 이렇게 경비가 많지?"

하지만 그건 예방 조치다. 중국 의료진은 오랜 시간 동안 자신의 안전을 걱정해야 하는 직업군으로 살아왔다. 이런 갈등의 배경에는 단순한 감정 문제가 아니라 구조적 원인이 숨어 있다. 첫째, 정보의 비대칭성. 환자는 자신의 상태를 잘 모른다. 의사의 말을 믿을 수밖에 없는데, 설명이 부족하면 의심이 생긴다.

"왜 MRI를 찍으라고 하지? 꼭 필요한 건가?"

"약을 왜 이렇게 많이 주는 거지?"

둘째, 성과급 중심의 병원 재정 구조. 중국 병원은 약 판매나 검사 수입에 일정 부분 의존한다. 의사는 아무리 선의로 진료해도 환자 입장에선 '돈을 벌기 위한 진료'로 보이기 쉽다. 셋째, 의료 소비자의 기대치 상승. 인터넷과 정보 접근성의 확대로 환자들은 점점 더 많은 정보를 알게 되었고, 그만큼 자신의 권리를 주장하게 되었다. 하지만 시스템은 그 기대를 따라가지 못하고 있다.

이 문제를 해결하려면 어떻게 해야 할까? 중국 정부는 최근 몇 년간 '의사-환자 간 신뢰 회복'을 위한 다양한 노력을 기울이고 있다. 예를 들어, '의료 분쟁 중재센터'를 도입해 법적 다툼으로 가기 전 조정을 시도하고 있고, 의료진 보호법을 제정해 의료진 폭행에 대해 강력한 처벌을 가하고 있다. 또한, 의료 정보를 투명하게 공개하려는 움직임도 있다. 환자가 진료 기록을 열람할 수 있게 하고, 진료비 명세서를 자세히 설명해 주는 병원도 늘고 있다. 그러나 진짜 중요한 건 시간과 소통 그리고 공감이다. 3분짜리 진료로는 환자의 두려움을 없앨 수 없다. 의사가 "괜찮습니다. 제가 도와드릴게요."라는 말 한마디를 건넬 수 있을 정도의 여유가 있어야 환자는 안심한다.

병원은 치료하는 곳이지만, 그 이전에 사람이 사람을 만나는 곳이다. 신뢰는 기술로도, 정책으로도 완성되지 않는다. 그건 결국 사람이 사람을 대하는 태도에서 비롯된다. 중국 의료 시스템이 나아가야 할 방향은 더 많은 검사와 더 비싼 장비가 아니라 더 따뜻한 설명과 더 진지한 경청이다. 그것이 신뢰를 되찾는 시작점이다.

제7부

의료 관련 산업과 기술 혁신

제약산업 구조 및 정책

사람이 아프면 약을 찾는다. 그러니 병원 이야기의 끝에는 반드시 약 이야기가 따라온다.

그리고 약은 의학이 아니라 산업이다. 치료라는 목표를 공유하면서도, 이익이라는 목적을 향해 움직인다. 중국의 제약산업은 규모만 보면 세계 2위다. 시장은 빠르게 성장했고, 기업도 많다. 하지만 '양'에 비해 '질'은 여전히 고민거리다. 예를 들어 2024년 기준, 중국에는 약 5천 개의 제약사가 있다. 그런데 신약을 개발해 국제 시장에서 두각을 나타낸 기업은 손에 꼽힌다. 왜 그럴까? 중국 제약산업은 복제약 중심의 구조로 성장해 왔다. 한마디로, 누가 개발한 약인지보다 누가 더 싸게, 더 많이 만들 수 있는지가 중요했던 시대가 오랫동안 이어졌던 것이다. 여기에는 정책의 영향도 크다. 2000년대까지 중국 정부의 의료 정책은 '기초 의료 보장'에 초점이 맞춰져 있었다. 그래서 제약정책도 저가 대량 공급을 우선했다. 가격을 낮추기 위해 병원에 '약가 인하'를 압박하고, 복제약 생산에 인센티브를 줬다. 결과적으로, 연구개발(R&D)보다 '공장 생산 능력'이 더 중요한 경쟁력이 되어 버렸다. 하지만 시대는 바뀌었다. 중국도 더 이상 '저가 복제'만으로는 의료 수요를 감당할 수 없다는 걸 깨달았다. 암, 당뇨, 고혈압처럼 만성질환과 고가 생물의약품의 수요가 급증했고, 해외에 의존하는 구조의 위험성도 부각되었다. 게다가 미·중 기술 패권 경쟁은 제약과 바이오 기술을 '국가 안보'의 문제로 끌어올렸다.

이런 배경에서 중국 정부는 '제약 산업의 고도화'를 외치며 정책 방향을 크게 바꾸기 시작했다. 대표적인 것이 "화야오촹신(化药创新)" 전략 즉, 국산 신약 개발 육성책이다. 예를 들면 'MAH 제도(Marketing Authorization Holder, 약품 허가권자 제도)'는 기존의 '제조-판매 일체 구조'를 깨고 연구기관도 자유롭게 신약 허가를 받을 수 있도록 한 제도다. 이걸 통해 벤처나 스타트업도 시장에 진입할 수 있는 길이 열렸다. 또한 신약 심사 기간 단축, 희귀 질환용 약물의 우선 심사, 특허 보호 강화 같은 제도적 장치들도 속속 마련되고 있다.

하지만 제도만 있다고 변화가 일어나는 건 아니다. 진짜 문제는 기업의 체질이다. 아직도 다수의 중소 제약사는 자체 개발 능력이 부족하다. 기술력보다는 정부 입찰에서 낙찰받는 기술만 익숙한 경우도 있다. 신약 개발은 10년이 넘는 시간과 막대한 자금이 필요한데, 대부분 기업은 그걸 버텨 낼 준비가 안 되어 있다. 그래서 최근엔 중국 정부가 산학연 협력모델을 강조하고 있다. 대학과 연구소, 병원이 협력해 초기 후보 물질을 만들고, 국가 펀드와 대형 제약사가 임상시험과 사업화를 맡는 방식이다. 중국판 바이오클러스터라 할 수 있는 장쑤(江苏) 우시, 광둥(广东) 선전, 상하이 장장(张江) 같은 곳들이 그런 모델을 실험하고 있다. 또 하나 중요한 변화는 해외 제약사의 중국 내 협력 강화다. 글로벌 빅파마들은 중국 시장을 무시할 수 없기에 최근엔 중국 로컬 기업과 공동개발, 기술이전, 라이선스 아웃 계약을 적극적으로 체결하고 있다. 과거에는 '수입 약'을 팔았다면, 이제는 '중국 내에서 함께 개발'하는 모델로 옮겨 가는 중이다. 물론 숙제가 없진 않다. 임상 데이터의 신뢰도, 지식재산권 보호, 가격 규제의 예측 불가능성 같은 문제는 여전히 중국 제약산업의 발목을 잡는다.

   하지만 확실한 건, 이제 중국은 복제약의 시대를 지나 혁신약으로 가는 문 앞에 서 있다는 점이다. 그 문을 열 수 있을지, 아니면 다시 돌아서 복제의 늪에 빠질지는 정부 정책의 일관성과 기업의 변화 의지 그리고 환자들이 지켜보는 '신뢰'에 달려 있다.

의료 기기·기술의 발전과 규제

중국 병원에서 CT를 찍어 본 경험이 있다면 알 것이다. 빠르다. 진료실에서 의사가 "가서 CT 찍고 와요." 하면 곧장 옆 건물로 이동해 몇 분 안에 촬영이 끝난다. 비용도 생각보다 싸다. 의료 기술이 빠르게 보급되었고, 기기 활용도도 높다. 그런데 이게 다 중국 자체 기술일까? 아니다. GE, 지멘스, 필립스 같은 외국 기업들의 장비가 지금도 병원 현장의 주력이다. 즉, 하드웨어는 외산이고, 중국은 사용자였다. 하지만 이 구도가 흔들리기 시작했다.

이유는 두 가지다. 첫째는 '돈' 때문이다. 외산 의료 기기는 비싸다. 둘째는 '기술 주권' 문제다. 미중 갈등이 고조되면서 핵심 의료 장비까지 수출 통제 품목에 오르기 시작했다. 2020년대 이후 중국 정부는 '의료 장비의 국산화율을 높여야 한다'는 목표를 분명히 내세웠다. 가장 먼저 움직인 곳은 지방정부다. 각 지방은 지역 병원에 "가능한 한 국산 장비를 쓰라"고 유도하고, 병원 입찰 시스템을 바꿨다. '국산 제품 가산점'을 주는 방식이다. 이 바람을 타고 마인드레이(Mindray), 유비맷(Ultrasound), 시노섹(Sinosoft) 같은 로컬 의료 기기 회사들이 빠르게 성장했다. 이 기업들은 단순 복제를 넘어서 자체 기술 개발에도 힘을 쏟았다. 특히 코로나19는 전환점이 됐다. PCR 검사기, 인공호흡기, 체온 측정 기기 등 국산 장비가 전 세계로 수출되면서 중국 기기 산업의 존재감을 키웠다. 하지만 고급 의료 기술의 세계는 그리 호락호락하지 않다. CT, MRI, PET, 로봇 수술 시스템 같은 첨단 장비는 여전히 외산이 시장을 지배하고 있다. 하드웨어도 어렵지만, 소프트웨어와 알고리즘은 더 어렵다. 특히 영상 분석, 정밀 진단, AI 기반 판독 기술은 의료 기기 산업의 '두뇌'에 해당하는데, 이 분야는 아직 격차가 크다. 그래서 중국은 '의료 기기+AI+데이터'의 삼각 구도를 정책적으로 밀어붙이고 있다. 예를 들어, 디지털 영상 저장 시스템(PACS), AI 진단 도구, 의료 클라우드 플랫폼 같은 신기술에 대해 '혁신 의료 기기 우선 심사 제도'를 적용하고, 국가급 혁신 센터도 다수 설립했다.

    그러나 이 과정에서 중요한 문제가 하나 생겼다. 바로 규제다.

기기는 안전이 생명이다. 문제가 생기면 환자의 생명을 직접 위협하기 때문이다. 그래서 의료 기기는 '기술'보다 '신뢰'가 중요하다. 중국의 규제기관은 국가약품감독관리국(NMPA)이다. 과거엔 'CFDA'로 불렸는데, 2018년 보건 위생 체계 개편과 함께 더 전문화된 역할을 맡게 되었다. 이 기관이 의료 기기 인허가, 심사, 안전성 평가를 총괄한다. 최근 NMPA는 의료 기기 심사 기준을 WHO, 미국 FDA 기준에 근접시키려는 노력을 하고 있다. 특히 3등급(고위험 기기) 제품에 대해선 임상 시험 자료, 품질 관리 시스템, 장기 추적 자료 등을 엄격하게 요구하고 있다. 하지만 규제의 신뢰도 역시 도전 과제다. 중앙정부는 엄격한 기준을 강조하지만, 지방에서는 때로 느슨한 적용도 있다. '지역 기업 육성'이라는 명분 아래 '인허가 속도전'이 벌어지는 경우도 생긴다. 또한, 기술 개발이 너무 빠르다 보니 규제가 이를 따라잡지 못하는 상황도 벌어진다. 예컨대, AI 기반 진단 알고리즘은 데이터가 축적되면서 계속 진화하는데, 법령상 '이전 버전'만 심사 대상이 된다면 실제 사용하는 기술과 평가받은 기술이 다를 수도 있다.

결국 중요한 건 균형이다. 혁신을 막지 않으면서도 환자의 안전을 지키고, 의료 기기 산업의 신뢰를 높여야 한다. 이건 단순한 행정 문제가 아니다. '공공성과 상업성 사이에서 국가가 어떻게 판단하고 설계할 것인가'의 문제다. 그리고 이 싸움은 중국만이 아니라 전 세계 의료 기술 산업이 함께 부딪히는 21세기의 새 관문이기도 하다.

스마트 헬스·원격 진료 플랫폼 성장

중국은 땅이 넓다. 사람도 많다. 그런 나라에서 의료 접근성을 높이려면 어떻게 해야 할까? 답은 의외로 간단하다. 병원이 사람에게 오게 하면 된다. 바로 이 발상의 전환이 중국의 스마트 헬스와 원격 진료 산업을 폭발적으로 키운 배경이다. 거기엔 디지털 기술도 있었고, 팬데믹이라는 촉매도 있었다. 시간은 2018년으로 돌아간다. 그해 중국 국무원은 중요한 정책을 발표했다. '인터넷+의료 건강(互联网+医疗健康)'. 이름은 간단하지만, 의미는 깊었다. 병원 시스템과 인터넷 기술을 통합해서 온라인 진료, 전자 처방, 건강 관리, 의무 기록 공유 등 모든 서비스를 디지털 플랫폼으로 연결하겠다는 야심 찬 구상이었다. 이 구상의 대표 사례가 바로 화퉈이성(华佗医生), 핑안굿닥터(平安好医生), 알리헬스(阿里健康) 같은 인터넷 병원 플랫폼이다. 스마트폰 하나로 진료 신청하고, 의사가 실시간 영상으로 상담해 주고, 처방 약은 당일 배송된다. 진료소가 손안으로 들어온 셈이다.

그런데 중국은 기술도 기술이지만 스케일의 나라다. 사용자가 많으니 데이터가 쌓인다. AI가 학습할 수 있다. 여기서 다시 진료 정확도가 높아진다. 또 사용자 경험이 좋아지니 더 많은 사람이 이용한다. 이게 반복되면서 선순환이 시작됐다. 그리고 2020년, 코로나19. 비대면 진료가 필요해진 순간, 이 플랫폼들은 바로 국가 방역의 전면에 등장했다. 의료진이 직접 방문하지 않아도 수천만 명의 건강 상태를 모니터링할 수 있었고, 의심 환자나 고위험군은 자동 분류됐다. 감염병 대응을 기술이 도운 것이다. 그런데 기술이 좋다고 바로 제도화되는 건 아니다. 법과 제도가 따라와야 한다. 그래서 정부는 '인터넷 병원'을 제도적으로 인정하고, 공공 병원도 자체 온라인 진료 플랫폼을 갖추도록 유도했다. '인터넷+공공 의료' 모델이 등장한 것이다. 이제 중국의 대형 종합병원 다수는 자체 모바일 앱을 갖고 있고, 환자는 앱으로 예약하고, 의사와 채팅으로 상담하고, 영상 통화로 진료받고, 전자 처방을 앱으로 받아 근처 약국이나 택배로 약을 받는다. 여기에 헬스케어 웨어러블 기기까지 더해졌다. 화웨이, 샤오미, 오포 같은 기업들이 혈압, 심박수, 수면 상태, 산소포화도 등을 상시 측정하는 스마트워치를 앞다투어 출시했다. 수집된 데이터는 앱으로 전송되고, AI가 위험 신호를 감지하면 사용자에게 '주의 경고'를 보내기도 한다. 이건 단순히 '건강 체크' 기능이 아니다. 질병 예방 모델로 진화하고 있다는 얘기다. '아프기 전에 막자'는 방향으로 중국 의료가 구조적으로 이동하는 중이다.

하지만, 여전히 넘어야 할 산이 있다. 가장 큰 문제는 디지털 격차다. 도시 중산층은 잘 쓰지만, 농촌 노인층은 기기를 다룰 줄 모른다. 심지어 스마트폰 없는 고령자도 많다. 이런 상황에서 '모두를 위한 의료'가 가능할까? 두 번째는 신뢰와 사생활이다. 의료 정보는 민감하다. 누구에게도 쉽게 공개하고 싶지 않은 정보다. 그런데 중국의 디지털 헬스 플랫폼들은 데이터를 민간기업이 관리한다. AI 진단 알고리즘이 환자의 진단에 미치는 영향이 커지면서 "누가 이 시스템을 설계했나?", "판단 근거는 뭔가?"라는 질문이 제기되고 있다. 그래서 최근에는 의료 빅데이터의 공공화와 블록체인 기반의 투명한 플랫폼 개발이 중국 디지털 헬스의 새로운 과제가 되고 있다. 기술은 앞섰지만, 그걸 감당할 '신뢰 시스템'이 이제 뒤따라야 하는 것이다.

스마트 헬스는 '편리함' 이상의 것이다. 그건 인간의 건강이라는 가장 민감한 주제에 기술과 시스템을 접목시키는 일이다. 그리고 중국은 지금 그 실험의 한복판에 있다.

민영 병원과 해외 자본의 진출

중국에서 병원이라고 하면 대부분 사람들은 공립 병원을 떠올린다. 규모가 크고, 의료진도 많고, 국가가 운영하는 '믿을 만한' 병원이라는 인식 때문이다. 하지만 이제는 조금 다르다. '민영 병원'이 조용히, 그러나 꾸준히 존재감을 키우고 있다. 사실 중국에서 민간이 병원을 운영하는 건 새삼스러운 일이 아니다. 개혁개방 초창기부터 정부는 '국가가 전부 책임지기는 어렵다'고 판단했다. 그래서 1990년대 후반부터 '사회자본의 의료 진입'을 허용하기 시작했다. 즉, 병원도 사업이 될 수 있다는 뜻이다. 이때 등장한 것이 바로 민영 병원이다. 초기에는 대부분이 작은 병원들이었다. 산부인과, 치과, 성형외과처럼 전문 진료 위주의 병원들이 주를 이뤘다. 하지만 2010년대 이후 상황이 달라졌다. 대형 병원, 종합 진료, 고급 시설, 게다가 해외 의료모델을 접목한 민간 종합병원이 도시 중산층을 겨냥해 본격적으로 문을 열기 시작했다. 대표적인 예가 유화병원(和睦家医院, United Family Healthcare)이다. 미국계 자본이 투자해 설립된 이 병원은 중국에서 가장 성공한 외자 민영병원 중 하나로 꼽힌다. 외국인 환자를 주 고객으로 시작했지만, 지금은 중국 중산층과 고소득층이 주요 고객이다. 서비스는 정중하고, 의사와 충분한 상담이 가능하며, 대기 시간도 짧다. 물론 비용은 그만큼 비싸다.

이런 고급 민영 병원이 늘어나면서 '서비스는 민영, 신뢰는 공립'이라는 이중 구조가 생겼다. 다시 말해, 가벼운 질환이나 건강 검진은 민영 병원에서 받고, 중증 치료나 수술은 공립 3급 병원으로 가는 식이다. 하지만 민영 병원이 무조건 고급화만을 추구하는 건 아니다. 일부 민간 병원은 농촌 지역과 도시 외곽에 진출해 기초 진료를 담당하며 공공 의료의 빈틈을 메우는 역할을 하기도 한다. 이른바 '기능 보완형 민영 의료'다. 정부도 이런 흐름을 장려하기 위해 민간의료기관에 세금 감면, 토지 지원, 의사 채용 완화 등의 인센티브를 제공한다.

자, 여기서 또 하나 주목할 점은 해외 자본의 움직임이다. 중국 의료시장 개방 이후 싱가포르, 독일, 일본, 한국 등 다양한 나라의 의료기업과 병원 그룹이 합작 혹은 독자 진출을 시도하고 있다. 예컨대 싱가포르의 IHH 헬스케어 그룹은 중국 여러 도시에서 민간 병원을 운영 중이고, 일본계 병원도 암 치료, 재활 치료를 앞세워 상하이와 베이징에 입점했다. 한국의 일부 성형외과나 피부과 병원도 중국 현지 병원과 제휴하거나 중국인 환자를 유치하는 방식으로 협력하고 있다. 그러나 여기에는 복잡한 규제가 따른다. 병원 설립 허가, 외국인 의사 면허 인증, 보험 연계 문제 등 해외 자본이 넘어야 할 행정 장벽은 여전히 높다. 또 중국 정부는 "민간 의료는 공공의료를 보완하는 수단이지 대체재가 되어선 안 된다"는 입장을 고수하고 있다. 그래서 민영 병원이 무한대로 확장하긴 어렵다. 정부의 정책 기조와 사회적 수용성의 한계 그리고 신뢰 구축이라는 벽이 있기 때문이다. 하지만 확실한 건 하나다. 중국 의료의 다원화는 거스를 수 없는 흐름이라는 점이다. 민영 병원과 해외 자본의 유입은 서비스의 다양성과 의료 산업의 전문화를 촉진시킨다. 그 과정에서 소비자 선택권도 늘어나고, 의료 서비스의 질도 경쟁 속에서 향상될 가능성이 있다. 그러나 동시에 이 흐름이 의료의 '시장화'만을 강화해 의료 불평등을 심화시키지 않도록 정책적 균형이 필요한 시점이다.

돈이 있으면 더 좋은 진료를 받는 건 어느 나라든 마찬가지다. 하지만 국가가 개입해야 할 이유는 그렇지 못한 사람들에게도 '최소한의 믿을 수 있는 진료'는 보장해야 하기 때문이다. 그리고 그 과제를 중국의 민영 병원들은 이제 피할 수 없는 시험대로 맞이하고 있다.

의료+AI, 바이오,
클라우드 데이터 연계 현황

중국의 병원에 가 보면 예전과 많이 달라진 점이 있다. 접수는 모바일로, 진료 기록은 자동 전송 결제도 QR코드 한 방이면 끝. 하지만 겉으로 보이는 편리함 뒤엔 훨씬 더 거대한 변화가 진행 중이다. 바로 의료와 인공지능(AI), 바이오 기술, 그리고 클라우드 데이터의 결합이다.

중국 정부는 일찌감치 의료를 '전략적 미래 산업'으로 보고 AI+의료, 인터넷+진료, 빅데이터+헬스케어 같은 프로젝트를 적극 추진해 왔다. 특히 2017년 '차세대 인공지능 발전 계획(新一代人工智能发展规划)'을 발표하면서 AI 기술을 의료 현장에 적극적으로 투입하겠다고 선언했다. 예를 들어, AI 기반 영상 진단 시스템은 지금 이미 수많은 병원에서 실전 배치돼 있다. CT나 X-ray를 찍으면 AI가 병변을 자동으로 표시하고 진단 가능성을 수치로 제시한다. '의사를 돕는 조력자'로서의 AI는 특히 지역 병원이나 인력 부족 지역에서 의료 질 격차를 줄이는 데 중요한 역할을 한다. 바이오 쪽도 주목할 만하다. 중국은 유전체 분석과 맞춤형 치료 분야에서도 급속히 성장 중이다. 화웨이, 텐센트 같은 IT 기업은 유전자 분석 스타트업에 투자하거나 AI 알고리즘을 개발해 '개인 맞춤형 치료'에 들어가는 기반을 만들고 있다. '한 사람, 한 프로토콜' 시대를 준비하는 셈이다. 여기에 '클라우드 데이터'가 더해지면 그 파급력은 상상 이상이다. 이미 전국 수천 개 병원이 건강 기록, 진료 내역, 약물 이력, 보험 데이터 등을 국가 건강 정보 플랫폼(国家健康信息平台)에 연계하고 있다. 이 플랫폼은 의료인에게는 진료 지원 도구가 되고, 정부에게는 정책 설계의 근거가 되며, 기업에게는 의료산업 분석 자료가 된다. 문제는 '데이터'가 민감하다는 것이다.

　개인 건강 정보는 사생활의 핵심이다. 중국 정부는 이를 보호하겠다며 2021년부터 개인정보보호법(个人信息保护法)을 시행했지만, 여전히 '누가 어떻게 데이터를 쓰는가'에 대한 신뢰는 완전히 확보되진 않았다. 또 하나 흥미로운 점은 의료 스타트업의 활약이다.

'丁香园', '微医', '好大夫在线' 같은 디지털 진료 플랫폼은 이미 수천만 명의 사용자 기반을 확보하고 있다. 특히 팬데믹 시기, 원격진료와 온라인 약 처방이 폭발적으로 늘어나며 '의사가 있는 병원이 아닌, 데이터가 있는 병원'으로 의료 서비스의 중심이 이동하고 있다. AI와 데이터 기반의 의사는 환자의 병력을 즉시 확인하고, 진료 권고안을 AI가 실시간으로 분석해 제공하며 진단 오차를 줄이고, 업무 효율을 높인다. 물론 인간 의사가 최종 판단을 내리지만 '의사+AI'의 조합은 이제 현실이다. 그러나 여기에도 불편한 질문은 남는다. 의료의 디지털화가 환자와 의사 사이의 신뢰를 더 굳건히 만들까, 아니면 더 멀어지게 할까? 기계가 제시한 진단을 사람이 받아들일 준비는 되어 있을까? 그리고 그 데이터가 진짜 환자를 위한 것인지, 기업의 수익을 위한 도구가 되는 건 아닌지.

중국은 지금 의료 혁신의 최전선에 서 있다. AI, 바이오, 클라우드, 빅데이터, IoT, 블록체인까지 모든 기술이 의료와 접속 중이다. 속도는 빠르다. 하지만 이 변화가 정말 사람을 위한 것인가. 질문을 던지는 일은 기술보다 더 중요할지도 모른다.

제 8 부

의료 소비자들의 인식과 문화

체면과 명의(名医) 선호 문화

중국에서 병원을 가 보면 하나의 풍경이 눈에 들어온다. 진료실 앞에 길게 늘어선 줄, 그리고 대기실을 가득 메운 사람들. 그들이 기다리는 건 단순한 진료가 아니다. '유명한 의사', 바로 '명의(名医)'다. 한국에서도 명의는 인기가 많지만, 중국에서의 명의 선호는 단순한 인기 그 이상이다. 그건 때로 체면의 문제고, 때로는 신뢰의 문제며, 많은 경우 생존의 문제이기도 하다.

중국 문화에서 체면(面子)은 생각보다 훨씬 깊은 힘을 발휘한다. 좋은 병원에 가고, 유명한 의사에게 진료를 받는 것은 그 자체가 사회적 지위와 연결된다. 가족이나 지인이 병에 걸리면 '내가 누구를 통해 북경의 어느 병원 명의를 알아봐 줬다'는 이야기는 자랑이자 책임이며, 사회적 신용이다. 이 체면은 단순히 허영이 아니라 중국식 인간관계의 핵심을 이룬다. 그렇기에 진료 예약 한

번이 하늘의 별 따기다. 명성 있는 3급 병원의 유명 교수는 예약이 몇 달씩 밀려 있고, 때로는 병원 앞 암시장 같은 데서 '진료권'을 사고파는 일도 벌어진다. 한마디로, 유명한 의사의 시간은 시장에서 거래되는 자원이다. 이런 문화는 의료의 본질에 영향을 미친다. '좋은 의사'라는 말은 그 사람의 실력만을 의미하지 않는다. 그 의사가 어느 병원에 속해 있는지, 그 병원이 어느 도시, 어느 성(省)에 위치해 있는지, 심지어 어떤 정치적 배경을 지녔는지까지 함께 평가된다. 의료도 결국 권력과 자원의 분포를 반영한다. 여기에 SNS와 바이두 검색, 환자 커뮤니티의 영향력이 더해지면서 '명의 신드롬'은 더욱 가속화되고 있다. 인터넷에는 '베이징대 부속병원 신경과의 왕 교수, 암 치료로 유명' 같은 정보가 수없이 떠돈다. 환자들은 이를 토대로 수백, 수천 킬로미터를 이동해 해당 병원 문 앞에 줄을 선다.

문제는 이런 명의 중심 문화가 의료 시스템의 효율성을 해친다는 점이다. 상급 병원에는 사소한 감기 환자부터 말기 암 환자까지 모두가 몰려든다. 이른바 '看病难, 看病贵(진료받기 어렵고, 비싸다)' 문제의 핵심에는 이런 환자들의 불균형적 선택이 있다. 중국 정부도 이 문제를 해결하려 일차의료기관 강화, 의사 분산 배치,

'가정 의사 서약제' 등을 도입하고 있지만, 환자들은 여전히 "유명한 곳에 가야 마음이 놓인다"고 말한다. 결국 의료에 대한 신뢰는 시스템이 아니라 사람에게 기대고 있는 셈이다. 그렇다고 이 문화를 무작정 비판할 수는 없다. 중국 의료 현실을 보면 병원 간, 의사 간 격차가 엄청나다. 의료 장비, 진단 능력, 치료 경험, 의사-환자 간 의사소통까지 모두 큰 차이가 있다. 그러니 환자 입장에서는 '확실한 사람에게, 한 방에 해결받고 싶다'는 마음이 절실할 수밖에 없다. 결국, 중국의 '명의 선호'는 단순한 개인적 성향이 아니라 의료 자원의 불균형, 체면을 중시하는 문화 그리고 국가 의료 시스템에 대한 불신이 복합적으로 얽힌 결과다.

이 문화를 바꾸기 위해선 더 많은 신뢰할 만한 의사가, 더 다양한 도시와 지역에 존재해야 한다. 환자가 아닌 시스템이 안심을 줄 수 있어야 한다. 그리고 어느 의사를 만나든 '잘 치료받았다'고 말할 수 있는 날이 와야 중국 의료도 한 걸음 앞으로 나아갔다고 말할 수 있지 않을까.

건강 소비와 양생(养生) 열풍

중국의 약국을 둘러보면 우리가 흔히 상상하는 약국과는 조금 다르다. 감기약, 진통제 옆에 녹용, 구기자, 홍삼, 인삼, 노니, 각종 보양식이 즐비하다. 몸을 고치러 가는 곳인지, 기력을 보충하러 가는 곳인지 헷갈릴 정도다. 그만큼 중국에서는 '건강'이란 단어가 치료보다는 예방, 그리고 더 나아가 삶의 질과 직결된 소비 영역으로 자리 잡고 있다.

이걸 중국어로는 '양생(养生)'이라고 한다. 글자 그대로 풀면 '생명을 기른다'는 뜻이다. 우리로 치면 건강 관리 또는 웰빙이라고 할 수 있지만, 중국식 양생은 그보다 더 철학적이고, 더 일상적이며, 때론 집착에 가깝다. 예컨대, 어떤 중국인은 매일 아침 6시에 일어나 따뜻한 물에 레몬을 넣어 마신다. 잠자기 전엔 발을 따뜻한 물에 담그고, 저녁엔 늦게 먹지 않으며, 매주 한 번은 사우나나 경혈 마사지를 받는다. 그 모든 행동은 몸 안의 기(气)를 순환시키고, 장기를 쉬게 하며, 면역력을 보강하는 행위다. '병이 생기기 전에 미리 다스리는 것'이 양생의 기본 철학이다. 이 양생 열풍은 중의학적 사고방식과 깊이 연결돼 있다. 음양오행, 장부이론, 기혈순환…. 이런 개념들은 단지 의학 이론이 아니라 중국인의 삶 속에 녹아 있는 신념 체계다. 그래서 몸이 피곤하면 '간이 안 좋다'는 말을 아무렇지 않게 하고, 봄에는 간을, 여름에는 심장을 보해야 한다고 믿는다. 절기마다 달라지는 건강 식품, 아침저녁의 체조 습관 그리고 '오늘은 몸이 허하니까 따뜻한 걸 먹어야지' 같은 일상의 선택들이 바로 그 철학의 실천이다. 이처럼 양생은 단순한 소비를 넘어선 자기 관리의 철학이다. 그런데 이 철학이 최근 들어 시장과 결합하면서 거대한 건강 소비 산업으로 진화하고 있다. 유기농 건강식품, 양생차, 약용버섯, 건강 보조제, 심지어는 '양생 기계'나 '온열 깔판' 같은 상품까지 등장했다. 그 중심엔 중산층과 노년층 여성이 있다. 중국에서 '양생계의 큰손'은 보통 은퇴한 60대 아주머니들이고, 그들의 소비력은 어지간한 청년 못지않다. 위챗 미니 앱으로 건강 정보를 공유하고, 온라인 쇼핑몰에서 고급 식재료를 사고, 친목회처럼 건강 세미나에 다니며 '장수의 비밀'을 찾아다닌다.

　재미있는 건, 이 양생이 디지털과 만나면서 젊은 층에게도 번져 가고 있다는 점이다. 틱톡(抖音)에는 '야근 후 간 보충하는 방법', '양생 도시락 만들기', '출근 전 10분 양생 스트레칭' 같은 콘텐츠가 넘쳐난다. 건강을 챙기는 게 더 이상 노인의 전유물이 아니라, '자기 몸을 아끼는 젊은이'라는 이미지로 재포장되고 있다. 물론 이런 양생 열풍은 과장되거나 상업화의 위험도 있다. 검증되지 않은 민간요법이나 고가의 건강식품이 '기적의 효과'를 주장하며 팔리기도 한다. 소비자는 때때로 몸이 아니라 불안을 사는 것이 된다. 하지만 한편으로 보면 이런 건강에 대한 관심은 의료 시스템에 대한 불신을 반영하기도 한다. '병원에 가서 기다리고, 진료받고, 약 타 오는 것보단 미리 몸을 챙기는 게 낫다'는 생각, 그리고 '스스로 건강을 지킬 수 있어야 한다'는 자율의식이 양생 문화의 뿌리가 된다.

　양생은 결국 삶을 관리하는 방식에 대한 철학이다. 그리고 그 철학은 '빨리 낫기'보다 '천천히, 건강하게 살기'를 지향한다. 급변하는 현대 사회에서 이 느림의 건강 철학이 중국인의 삶에 어떤 변화를 가져올지는 조금 더 두고 봐야겠다. 하지만 분명한 건, 오늘도 수많은 중국인들이 아침에 대추차 한 잔으로 하루를 시작하고 있다는 사실이다.

민간요법 및 중의학에 대한 인식

중국인들은 감기에 걸렸을 때 병원보다 먼저 찾는 것이 할머니의 부엌일 때가 많다. 양파 껍질 달인 물, 생강에 꿀 섞은 차, 심지어는 마늘로 발바닥을 문지르는 요법까지… 이런 것들은 단지 '민간요법'이 아니라 중국인의 몸과 마음에 밴 문화다. 중국 사람들에게 '치료'란 무엇일까? 그건 반드시 병원에서 의사가 약을 주는 것만을 뜻하지 않는다. 그보다 훨씬 전부터 몸의 균형을 맞추고, 기운을 돌게 하며, 자연과 조화를 이루는 행위 전반을 의미한다. 바로 이 지점에서 중의학과 민간요법이 등장한다.

중의학은 단순히 옛날 의학이 아니다. 철학, 자연관, 인간관이 결합된 체계다. 우리가 흔히 말하는 '음양오행', 장부(臟腑), 경락(经络), 기혈(气血) 같은 개념은 단순한 치료 수단이 아니라 사람이 자연 속에서 어떻게 살아야 하는지를 설명하는 틀이다. 몸이 아프다는 건 '기운이 막혔거나 조화가 깨졌다는 신호'고, 치료란 곧 '조화를 회복하는 일'이다. 예를 들어, 위장이 약하면 서양의학에선 위 내시경을 찍고 약을 처방하지만, 중의학에선 이렇게 말한다.

"脾虛(비허)다. 기운이 떨어졌으니 따뜻한 걸 먹어야 한다."

그래서 따뜻한 죽을 끓이고, 생강과 대추를 넣고, 몸을 차게 하는 음식은 피한다. 이런 중의학적 사고는 중국의 민간요법에도 깊이 스며들어 있다. 베이징 뒷골목의 노점상에서도, 시골마을의 노인의 손끝에서도 '이 약초는 기침에 좋다', '그 풀은 열을 내린다'는 지혜가 오간다. 중의학에 대한 신뢰는 중국 사회 전반에 널리 퍼져 있다. 심지어 가장 현대적인 대형병원에서도 중의과 진료실이 운영되고, 침, 뜸, 추나요법 같은 치료가 이루어진다. 정부도 이를 적극적으로 지원하고 있다. "중의학의 계승과 발전"은 중국 보건정책의 핵심 슬로건 중 하나다. '중서의 결합'이라는 형태로 양의와 중의를 병행하는 방식도 꽤 흔하다.

하지만 이 모든 것이 다 장점만 있는 건 아니다. 중의학은 그 이론 구조가 경험적이고 직관적이라 과학적 검증에는 종종 취약하다. 특히 민간요법 중 일부는 효능이 입증되지 않았거나 오히려 해가 될 수도 있는 것들도 있다. 또 하나의 문제는 중의학을 둘러

싼 상업화와 과잉 마케팅이다. 중국의 온라인 쇼핑몰에는 '한 달만 먹으면 간을 튼튼하게!', '왕의 약초, 면역력 300% 상승!' 같은 문구가 넘쳐난다. 그중 일부는 근거도 없고, 고가의 제품으로 소비자들을 유혹한다. 이런 상황에서도 중국 사람들은 여전히 중의학을 '믿는다'. 그 믿음은 과학적 근거라기보다 문화적 체험과 전통적 신념에서 나온다. 어릴 적 감기 걸렸을 때 할머니가 끓여 주던 배숙, 피곤할 때 꺼내 먹는 구기자차 한 잔. 그건 단지 약이 아니라 추억이고, 마음의 위로다. 중의학에 대한 인식은 중국인의 몸에 대한 세계관을 반영한다. 몸은 기계처럼 부품을 갈아 끼우는 대상이 아니라 자연과 연결된, 조화와 균형을 지닌 생명체다. 그리고 이 균형을 지키는 법을 중의학은 수천 년 동안 고민해 왔다. 물론 앞으로의 과제도 많다. 중의학이 현대의학과 어떻게 공존할 것인지, 근거 중심의 검증 시스템을 어떻게 마련할 것인지, 그리고 소비자 보호와 과학적 소통을 어떻게 강화할 것인지. 이런 질문들은 지금도 진행형이다.

  중의학은 쇠퇴하지 않는다. 오히려 오늘날엔 더 정제되고, 더 체계화된 모습으로 디지털 건강 플랫폼 속으로, 스마트 약국으로, AI 중의진단 시스템으로 다시 태어나고 있다. 그건 어쩌면 몸을 자연의 일부로 보는 중국인의 오랜 감수성이 21세기에도 여전히 유효하다는 증거일지도 모른다.

의료 소비자 권리와 제도적 보장

중국에서 병원에 가면 느끼는 기묘한 풍경이 있다. 접수 창구 앞에 길게 늘어선 줄, 진료실 문틈으로 새어 나오는 환자들의 초조한 기색, 그리고 의사와 환자 사이의 빠듯한 3분 대화.

"어디가 불편하세요?"

"기침이 좀 나고요…"

"청진기 올릴게요. 약 처방할게요."

끝이다. 중국의 의료 소비자들은, 말하자면, '선택할 수는 있으되, 주장하기는 어렵다'. 병원을 선택할 권리는 있지만 치료 과정에서의 참여권, 알 권리, 자기결정권은 오랫동안 제한적이었다. 하지만 시대가 바뀌었다.

개혁개방 이후 소비자 권리에 대한 인식이 퍼지고 인터넷, 모바일 플랫폼, 사회적 감시가 강해지면서 의료 소비자들도 점점 목소

리를 내기 시작했다.

"내 몸에 대한 결정, 내가 할 수 있어야 하지 않나요?"

이런 질문이 이제 병원 복도 어딘가에서 조심스럽게 흘러나오고 있다. 중국 정부도 이런 변화를 모른 체하지 않았다. 2009년 의료 개혁 이후 의료 서비스 질 향상과 함께 환자 권리 보호를 주요 정책 방향 중 하나로 삼았다. '의료기관 내 환자 권리 장전'을 명문화하고, 진료비 정보 공개, 진료 기록 열람, 진단·치료·검사에 대한 설명 의무 등을 강조했다. 법적으로도 '消法(소비자 권익 보호법)'과 '基本医疗卫生与健康促进法(기초의료위생 및 건강촉진법)' 같은 법령에서 환자의 권리를 분명히 규정하고 있다. 특히 '知情同意权(알 권리와 동의권)'은 수술이나 고위험 시술 전에 환자 또는 가족의 명시적 동의를 요구하도록 했다. 병원 현장에서는 '病人权益部(환자권익부서)'를 운영하거나 만족도 조사, 의료 분쟁 조정 창구 등을 두어 서비스 향상을 시도하고 있다. 또한 일부 대형병원은 '의료오픈데이', '환자협의회' 같은 프로그램을 통해 의사-환자 간 거리를 줄이려는 노력도 한다. 하지만 여전히 이상과 현실 사이에는 간극이 크다.

우선, 정보의 비대칭 문제가 크다. 환자는 의학 지식이 부족하고 의사는 바쁘고 설명은 간단하다. '왜 이 약을 주는지, 왜 CT를 찍어야 하는지'에 대해 명확한 설명이 부족한 경우가 흔하다. 그리고 치료가 실패했을 때 "내가 몰랐기 때문인가, 의사가 말을 안 해 줬던 건가?" 이런 의심이 의료 불신으로 번지기도 한다. 둘째, 책임 소재와 분쟁 처리의 구조적 한계다. 중국의 의료소송 시스템은 절차가 복잡하고, 입증 책임이 크며, 심리 기간도 길다. 그래서 많은 환자들이 공식 소송보다는 인터넷 폭로, 언론 제보, 심지어 물리적 충돌 등 비공식적인 방법에 의존하는 경우도 있다. 이런 상황을 해결하기 위해 중국 정부는 '제3자 의료분쟁 조정센터'를 확대 운영하고 '의료분쟁 책임보험' 제도를 통해 병원과 환자 간 갈등 완화도 추진 중이다. 또한 '건보건 핫라인'을 통해 환자 민원을 신속히 접수하고 대응하려는 노력도 있다.

한편, 의료 소비자의 '자기정보보호권'도 새롭게 대두되고 있다. 디지털 진료 기록, 유전자 검사, 모바일 앱 이용 데이터 등 의료 정보가 디지털화되면서 "내 건강 정보는 누구의 것인가?"라는 질문이 생긴다. 이에 대해 중국 정부는 '个人信息保护法(개인정보보호법)'을 제정하고 의료기관에 정보 암호화, 접근 제한, 데이터 삭제 권한 부여 등의 보안 의무를 지우고 있다. 하지만 시스템만 있다고 권리가 저절로 보장되지는 않는다. 중국의 의료 현장에서 환자 권리가 살아 숨 쉬려면 병원의 태도 변화, 의사의 인식 변화 그리고 소비자 스스로의 권리의식 향상이 함께 가야 한다.

의료란 기술 이전에 사람과 사람 사이의 신뢰의 문제다. 그 신뢰는 투명한 정보 제공, 정중한 설명, 상호 존중 속에서 자라난다. 중국의 의료 소비자들이 더는 "병원에 가면 기가 죽는다"가 아니라 "내가 내 건강의 주체다"라고 말할 수 있는 날, 그날이 진짜 의료 개혁의 완성이라고 할 수 있다.

의료 정보의 신뢰와 선택 기준

사람이 아프면 두려워진다. 병 그 자체보다 어떤 병인지도 모르고, 어디로 가야 하는지도 모르고, 누구 말을 믿어야 할지도 모르기 때문이다. 정보가 부족한 상황에서 결정은 언제나 어렵고, 때론 위험하다. 중국의 의료 소비자들이 마주한 현실이 딱 그렇다. 병원은 많고, 약도 많고, 의사도 많은데 정작 어느 병원이 좋은지, 어느 약이 효과적인지, 이 의사가 믿을 만한 사람인지는 여전히 불확실의 바닷속에 있다. 그래서 사람들은 본능적으로 정보를 찾아 나선다. 인터넷 검색창에 병명을 치고, 샤오훙슈(小红书)에서 후기를 뒤지고, 바이두 '知道(지식인)'에 질문을 올리고, 왕훙(网红) 의사에 귀를 기울인다.

중국은 '정보 대국'이다. 문제는 그 정보들 중 믿을 만한 게 얼마나 되느냐는 것이다. 병원 광고는 '전문'과 '권위'라는 말을 남발

하고, 민간요법은 신화처럼 부풀려지고, 심지어 가짜 리뷰와 유료 후기까지 넘쳐난다.

"这家医院真的靠谱吗?(이 병원 정말 믿을 만해?)"

"这个药有副作用吗?(이 약 부작용 있지 않나요?)"

환자들은 끊임없이 묻는다. 하지만 명확한 답은 드물다. 정보의 양은 넘쳐나는데, 질은 불투명한 상황이다. 이런 불신 속에서 소비자들은 결국 '인지된 신뢰'를 우선 기준으로 삼는다. 즉, 명성 있는 병원, 이름난 의사, 친구나 친척이 추천한 곳을 찾게 되는 것이다. 그래서 상하이 화산병원, 베이징 협화병원 같은 이른바 '顶流三甲' 병원들은 진료 예약이 하늘의 별 따기다. 진료 한 번 받기 위해 기차 타고 수백 킬로를 이동하는 '진료 원정대'가 생겨나는 것도 이 때문이다.

정부는 이런 정보 왜곡과 불균형을 줄이기 위해 '国家卫生健康委员会(NHC)'를 통해 공공 병원의 질적 평가 데이터를 공개하고 '건강 중국' 앱, '丁香园' 같은 전문 플랫폼을 활용해 정보의 투명성을 높이려 한다. 또한 '家庭医生签约服务(가정주치의 계약 서비스)'를 통해 의료 정보를 단순히 병원 중심이 아닌 지역 기반으로 연결하려는 시도도 하고 있다. 하지만 문제는 단순히 정보의 공급 문제만이 아니다. 소비자의 정보 해독 능력, 다시 말해 '의료 리터러시(health literacy)'도 중요하다. 정보를 보는 눈, 판단하는 능력, 그리고 제대로 질문하는 습관이 더 중요한 시대가 된 것이다. 그리고 또 하나의 신뢰 기준은 디지털화된 병원 경험이다. 요즘 중국의 대형병원들은 앱으로 진료 예약, 모바일 결제, 처방 약 수령까지 가능한 '스마트 병원'으로 탈바꿈하고 있다. 이런 병원일수록 환자 만족도도 상대적으로 높다. 신뢰는 정보뿐 아니라 경험을 통해서도 형성된다는 사실을 의료계가 깨닫기 시작한 것이다.

중국 의료 정보의 신뢰 문제는 정보 제공자, 정보 플랫폼, 소비자 세 주체가 함께 진화해야 풀 수 있는 문제다. 정부는 더 투명하게, 병원은 더 성실하게, 소비자는 더 똑똑하게. 그렇게 될 때, 병원 선택이 '운'이 아니라 '정보'와 '판단'의 결과가 될 수 있을 것이다. 그리고 그때야말로 중국 의료 소비자도 진짜 주체적 의료 소비자로 설 수 있게 되는 것이다.

제 9 부

중국 의료의 미래 과제와 전망

지역 간 불균형 해소 전략

중국이라는 나라는 지도를 펼쳐 보면 참 크다. 베이징에서 쿤밍까지 3천 킬로그램, 상하이에서 우루무치까지는 4천 킬로그램이다. 이 정도면 유럽 대륙을 통째로 관통하는 거리다. 문제는 땅이 넓다는 사실이 아니라, 그 넓은 땅 위에 의료 자원이 고르게 퍼져 있지 않다는 것이다.

사실 중국에서 의료 불균형 문제는 어제오늘 일이 아니다. 동부 연해의 대도시는 3급 병원이 넘쳐나고, 인공지능 진단, 원격 수술, 로봇 약국까지 등장하는 반면, 서부 내륙의 농촌과 소도시에는 기초 진료 인력조차 턱없이 부족하다. 중국 정부는 이 불균형 문제를 꽤 오래전부터 인식해 왔다. 그래서 2009년 의료 개혁을 발표하면서 '의료 자원의 균형적 배치'를 주요 목표로 삼았고, 수많은 정책을 쏟아냈다. 대표적인 것이 바로 '分级诊疗制度(분급진료

제도)'다. 이 제도는 쉽게 말해, '가벼운 병은 마을 병원에서, 중간 병은 시 병원에서, 중증은 대도시 병원에서' 진료를 받도록 유도하는 시스템이다. 의료 체계를 위에서 아래로가 아니라 아래에서 위로 작동하게 바꾸겠다는 시도였다. 그런데 이 제도가 현실에서는 잘 안 굴러간다. 왜냐고? 사람들이 작은 병원, 시골 의사를 믿지 않기 때문이다. 지역 간 불균형은 단순히 인프라 문제만이 아니다. 의료진의 질, 병원의 평판, 환자의 신뢰, 심지어 진료비 정산 시스템까지 전부가 얽혀 있다.

그래서 정부는 인프라 확충만으로는 부족하다는 걸 알고 인력 이동에 주목하기 시작했다. 예를 들어, 도시 대형병원의 의사들을 지방 병원에 파견하는 '의료 인력 순환제', 혹은 '의료 컨소시엄' 형태의 지역-도시 병원 간 협력 모델이 등장했다. 대표적인 사례가 '医联体(의료연합체)'다. 이는 베이징이나 상하이의 3급 병원이 중소 도시의 2급 병원을 네트워크로 묶어 기술과 인력을 공유하도록 한 구조다. 환자는 지방 병원에서 진단받고, 필요하면 대도시 병원과 연계된 진료를 받을 수 있다. 또 하나 주목할 정책은 원격 진료(远程医疗)다. 디지털 기술을 활용해 물리적 거리를 줄이고 내륙 지역의 환자들도 상급 병원의 진료와 자문을 받을 수 있도록

한 것이다. 특히 5G와 AI 기술이 접목되면서 이러한 원격 의료는 실제 진단과 수술의 영역까지 확장되고 있다. 하지만 여전히 문제는 남는다. '기술'은 지역 격차를 줄일 수 있지만 '신뢰'는 기술만으로 해결되지 않는다. 의료진의 태도, 병원의 서비스, 제도에 대한 국민의 이해와 수용성 이 모든 것이 엮여야 진짜 균형이 가능하다. 그리고 가장 중요한 건, 지방에 사는 사람도 '이 병원을 믿어도 되겠다'는 심리적 안정감을 가질 수 있도록 하는 것이다.

지역 격차 해소는 결국 인프라+제도+신뢰의 삼박자다. 이 셋이 조화를 이룰 때 진짜 의미의 '의료 평등'이 가능해질 것이다. 중국은 넓고, 인구는 많고, 과제도 많다. 하지만 의료 불균형이라는 숙제를 풀지 못한다면 "全民健康"이라는 구호는 공허한 구름에 지나지 않는다.

고령사회 대응과 커뮤니티 케어

 중국은 지금, 조용히 늙어 가고 있다. 속도는 일본보다 빠르지만 준비는 일본보다 부족하다. 2023년 기준, 60세 이상 인구가 전체의 약 21%를 차지했다. 약 2억 9천만 명, 거의 미국 전체 인구만큼의 노인이 이 땅 위에 살고 있다. 고령화는 단순히 나이 든 사람의 문제가 아니다. 의료의 구조를 바꾸고, 복지 시스템을 흔들고, 가족의 삶을 재편한다. 노인들이 병원 침대를 오래 차지하면 그 부담은 국가 재정으로 돌아오고, 청년들의 어깨를 짓누른다.

 그래서 중국 정부는 '적극적 고령화 전략'이라는 깃발을 들었다. 구호는 멋있지만, 내용은 아직 헐겁다. 그 중심 개념이 바로 '커뮤니티 케어(社区照护)'다. 한마디로, 병원이 아니라 동네에서 노인을 돌보는 것이다. 이 개념은 유럽, 특히 북유럽 복지국가에서 오래

전부터 실현되어 왔다. 집에서 가까운 거리에서, 의료·복지·돌봄이 통합되어 있는 시스템. 중국도 이를 벤치마킹해 '지역사회 기반의 노인 건강 관리 시스템'을 구축하려 한다. 하지만 현실은 복잡하다. 1선 도시인 베이징, 상하이야 가능할 수 있다. 그러나 3~4선 도시, 농촌 지역은 커뮤니티 케어의 '커뮤니티'조차 부실하다. 노인을 돌볼 의료진이 없고, 서비스 기관은 제도와 예산의 사각지대에 놓여 있다. 그래서 정부는 커뮤니티 건강센터(社区卫生服务中心)를 노인 돌봄의 거점으로 삼으려는 전략을 세웠다. 이 센터는 원래 1차 진료를 위한 기관이지만, 노인 대상의 건강 모니터링, 만성질환 관리, 가정 방문 진료 등으로 기능을 확장하고 있다.

또한 '가정의 계약 서비스 제도(家庭医生签约服务)'라는 것이 도입됐다. 간단히 말하면, 주민 한 명이 지역 의사 한 명과 '1:1 건강 관리 계약'을 맺는 제도다. 이 제도가 성공하면 노인들이 매번 대형병원에 가지 않고 동네 의사와의 신뢰 관계 속에서 지속적인 건강 관리를 받을 수 있다. 물론, 이건 말처럼 쉬운 일이 아니다. 의사 수가 부족하고, 지역 의사의 역량과 신뢰도가 낮으며, 노인들의 보수적인 의식은 제도 정착을 더디게 만든다. 그러다 보니 정부는 민간 자본의 힘도 빌리고 있다. '노인 요양+의료+스마트 기술'을 결합한 복합 커뮤니티 센터들이 베이징, 항저우, 선전 등에 생겨났다. AI 건강 모니터링, 스마트 약 복용 시스템, 화상 진료 서비스 같은 첨단 장비가 들어가 있다. 하지만 이런 곳은 아직 '소수의 고급 노인'을 위한 공간일 뿐이다. 궁극적으로 커뮤니티 케어가 자리 잡으려면 의료+돌봄+가족+기술+제도 이 다섯 개 톱니바퀴가 맞물려 돌아가야 한다.

지금의 중국은 아직 '시작 단계'에 불과하다. 그러나 이 방향이 틀린 것은 아니다. 모든 노인을 대형병원에서 치료하겠다는 생각이 비현실적인 꿈이라면, 커뮤니티 케어는 현실적인 해법일 수 있다. 늙어 가는 사회에서 진짜 필요한 것은 비싼 병원이 아니라, 가까운 거리의 따뜻한 돌봄이다.

공공 의료와 민간 의료의 역할 재정의

중국의 의료 현장은 늘 북적댄다. 대형 공립 병원 응급실의 풍경을 보면 마치 공항 같다. 환자는 많고, 대기 시간은 길고, 의사는 바쁘다. 그런데 희한하게도, 병원 옆 골목에는 텅 빈 민영 병원 간판이 보인다. 이건 도대체 무슨 풍경일까?

중국 의료 체계의 핵심은 여전히 공립 중심 구조다. 2023년 기준으로 전체 병원 중 약 65%는 공립 병원이지만, 진료 건수 기준으로는 전체의 85% 이상을 차지한다. 의사도, 장비도, 환자도 공립 병원에 몰려 있는 셈이다. 이 구조는 계획경제 시기의 유산이기도 하다. '의료는 공공재다'라는 원칙 아래, 정부는 의료 자원을 집중시켜 왔다. 그래서 중국의 공립 병원은 단순한 병원이 아니라 행정, 교육, 연구를 모두 담당하는 복합 플랫폼이다. 게다가 대부분의 의사도 공무원 비슷한 신분이다. 바로 문제는 여기에 있다.

공립 병원은 의료 서비스를 독점하면서 때론 관료주의에 젖고, 진료 효율보다 정치적 성과를 앞세운다. 환자에게는 선택권이 줄고, 의료 서비스의 질도 천편일률이 된다.

그래서 중국 정부는 2009년 의료 개혁 이후 민간 병원의 참여를 독려해 왔다. 민간 자본, 해외 자본, 보험회사까지 끌어들여 '다양한 공급 주체가 공존하는 의료 시스템'을 만들자는 것이었다. 그 결과 민간 병원 수는 20년 새 4배 이상 늘었다. 2023년 기준으로 전체 병원의 약 64%는 민영 병원이지만, 여전히 환자 수 기준 점유율은 15% 수준에 그친다. 왜일까? 첫째, 신뢰의 문제다. 중국 환자들은 여전히 '국가가 만든 병원'을 더 믿는다. '민간은 돈벌이가 우선'이라는 인식이 강하다. 둘째, 보험 연계성이 약하다. 공립 병원은 국가의료보험과 긴밀하게 연동되지만, 민간 병원은 제도적 연결이 미약하다. 그래서 환자 입장에선 '민영은 비싸다'는 인식이 굳어져 있다.

하지만 민영 의료는 중국 의료 시스템의 숨통을 틔우는 필요조건이다. 공립 병원의 과밀화를 해소하고, 서비스 다양성을 높이고, 의료산업의 경쟁을 촉진할 수 있다. 정부는 최근 '공공은 기본 보장, 민간은 보완적 역할'이라는 투 트랙 전략을 명확히 하려는 움직임을 보인다. 예를 들어, 고급 진료나 노인 요양, 재활 서비스, 치과나 미용 의료 같은 분야는 민간의 장점을 살리고, 응급·중증·전염병 관리 같은 분야는 공공이 맡도록 유도하고 있다. 게다가 디지털 헬스나 원격 진료 같은 신 산업 영역에서는 민간 플랫폼이 훨씬 민첩하다. 알리헬스, 핑안헬스케어 같은 기업은 공립병원과 협력하며 '하이브리드 모델'을 시도하고 있다. 이는 단순한 병원 대체가 아니라 의료 생태계의 확장을 의미한다.

궁극적으로 중요한 건 역할의 조정이다. 공공은 공공답게, 민영은 민영답게. 서로의 강점을 인정하고 제도로 균형을 잡는 일. 그게 바로 중국 의료의 미래다.

국제 협력과 글로벌 헬스 산업의 연계

의료는 본질적으로 국경을 초월한 산업이다. 병균은 여권을 확인하지 않고, 바이러스는 비자를 받지 않는다. 그래서 전염병이든 신약 개발이든, 결국은 국가 간 협력이 필수다. 중국은 이 점을 깨달은 지 오래다. 아니, 오히려 너무 늦게 깨달았는지도 모른다.

2003년 사스(SARS) 사태는 중국 의료외교사의 큰 전환점이었다. 당시 세계보건기구(WHO)는 중국의 초기 대응에 대해 정보 비공개와 국제 공조 부족을 강하게 비판했다. 그때 중국은 처음으로 깨달았다. '의료'라는 것도 외교의 최전선이며, '투명성'과 '협력'이 국가 이미지와 직결된다는 사실을. 그 뒤로 중국은 전략을 바꿨다. WHO와 협력하고, 국제회의에 적극 참여하고, 개도국에 의료 원조를 보내며 '보건 외교'를 강화해 왔다. '백신 외교', '한약 외교', '의사 파견 외교' 등 다양한 러퍼토리가 동원됐다. 아프리카에 병원을 지어 주고, 중남미 국가에 한의사를 보내며 '친중 감정'을 만들기도 했다. 하지만 이런 행보는 단지 정치적 계산만은 아니다. 중국 스스로도 점점 더 글로벌 보건 위기의 당사자가 되고 있기 때문이다. 코로나19는 그 사실을 극명하게 보여 줬다. 세계는 다시 한번 중국의 보건 투명성과 국제 협력 태도를 주목했고, 중국은 자국 백신을 수출하며 '공공재'임을 강조했다. 시진핑 주석은 백신을 '세계의 공공재'로 만들겠다고 선언했고, 시노팜, 시노백 백신은 WHO 긴급 승인을 받으며 '중국 바이오 산업의 세계화' 상징이 되었다. 그렇다고 해서 모든 게 순탄했던 것은 아니다. 많은 개발도상국은 중국 백신의 효능 논란과 임상 정보 부족에 의구심을 가졌고, 서방과의 백신 외교 경쟁도 치열했다. 하지만 이 과정에서 중국은 배웠다. 국제 신뢰를 얻기 위해서는 산업의 표준화, 데이터의 투명성, 기술의 국제화가 필수라는 것을.

그리하여 최근 중국은 헬스산업의 글로벌화에 본격적으로 나서고 있다. 가장 큰 변화는 제약 산업에서 나타난다. 과거에는 특허 만료된 제네릭(Generic) 의약품 위주였던 중국 제약기업들이 이제는 자체 개발 신약, 특히 면역항암제나 희귀 질환 치료제 분야에서 글로벌 시장을 두드리고 있다. 베이진(Beigene), 준스(Zai Lab),

이노벤트(Innovent) 같은 회사는 이미 미국 나스닥에 상장했고, 글로벌 임상 3상도 활발히 진행 중인 약품도 상당히 있다. 의료 기기 분야도 비슷한 흐름이다. 예전에는 '중국산 장비는 싸지만 성능이 떨어진다'는 인식이 강했지만, 이제는 수술 로봇, AI 판독 기기, 심혈관 스텐트 같은 고부가가치 제품에서 유럽 CE 인증, 미국 FDA 승인을 받는 사례가 늘고 있다. 중국산 의료 기기가 이제는 '값싼 대체품'이 아니라 '기술 수출의 주역'으로 주목받는 시대다. 게다가 의료 디지털 플랫폼은 국경을 더욱 자유롭게 넘는다. 알리헬스, 텐센트닥터, 핑안헬스케어 같은 기업들은 AI 문진, 스마트 약국, 온라인 처방, 건강 관리 플랫폼을 무기로 동남아시아, 중동, 심지어 유럽 일부 국가까지 진출을 모색하고 있다. 디지털 헬스는 물리적 병원보다 훨씬 빠르게 '중국 의료의 확장성'을 보여 주는 무대다.

그럼에도 불구하고 넘어야 할 산은 많다. 첫째는 국제 표준과의 간극이다. 임상 시험 설계, 의료 기술 인증, 데이터 보호 등 서방 중심의 룰 셋에 적응하지 않으면 중국 의료는 글로벌 메인 스트림에 진입하기 어렵다. 둘째는 지적재산권 문제다. 중국은 여전히 지재권 분쟁이 잦고, 의료 기술 분야에서는 특허 침해 문제가 국제 협력을 가로막는 요소다. 셋째는 국제정치의 변수다. 미중 갈등이 심화되면 의료 협력조차 '안보의 문제'로 비화할 수 있다. 2020년 이후 화웨이와 함께 핑안헬스케어가 미국 제재 목록에 오르기도 했다. 의료가 순수하지 않다는 현실이 때론 안타깝지만, 그것이 현실이다. 하지만 역으로 생각하면 의료는 외교의 마지막 연결 고리일 수 있다. 정치적 대화는 끊기더라도 환자와 의사 사이에는 대화가 가능하고, 백신과 의약품은 여전히 사람을 살릴 수 있기 때문이다.

중국은 지금 '의료 굴기(醫療崛起)'라는 이름으로 자국 의료산업의 세계화를 시도하고 있다. 이 길이 성공하려면 과학의 언어, 국제적 신뢰, 상호 호혜의 원칙이 전제되어야 한다. 헬스 산업의 글로벌화는 단지 돈의 문제가 아니다. 그건 생명을 다루는 일이기 때문이다. 중국이 진정으로 의료 선진국이 되고 싶다면, 기술만이 아니라 '태도'에서도 성숙해져야 한다. 그게 진짜 '글로벌 헬스 파트너'로 가는 길이다.

의료 정의와 사회적 신뢰 회복

병원은 사람을 살리는 곳이다. 하지만 어떤 이에게 병원은 "먼저 돈을 내라"고 말하는 곳이다. 의사는 생명을 다루는 전문가다. 그런데 일부 환자에게 의사는 '진료보다 청구서에 더 관심 많은 사람'으로 보이기도 한다. 이런 현실을 가리켜 중국 사람들은 이렇게 말한다.

"看病难, 看病贵."

'진료받기가 어렵고, 병원비는 비싸다.' 이 말은 단순 불평이 아니다. 중국 의료 시스템이 안고 있는 구조적 불평등과 신뢰의 위기를 드러내는 짧고도 강렬한 진단이다.

'의료 정의(正义)'는 거창한 철학적 개념이 아니다. 가난한 사람도 병원에 갈 수 있어야 하고, 지방에 사는 사람도 생명이 위급할 때 제때 응급 처치를 받을 수 있어야 하며, 환자와 의사가 서로 의심하지 않고 대화할 수 있는 구조가 마련되어야 한다. 이 모두가 의료 정의다. 중국은 2009년 의료 개혁을 선언하면서 "人人享有基本医疗卫生服务(모든 국민이 기본적인 의료보건서비스를 누리게 하겠다)"고 약속했다. 그 이후로 정부는 의료보험 가입율을 95% 이상으로 끌어올렸고, 농촌과 도시 간 격차를 줄이기 위해 기초의료기관에 대규모 투자를 해 왔다. 그러나 '양적인 보장'이 '질적인 정의'를 보장해 주는 것은 아니다. 중국 의료의 정의는 여전히 많은 도전 앞에 서 있다. 가장 먼저 지적해야 할 것은 소득과 계층에 따른 접근성의 차이다. 도시의 고소득층은 민영 병원이나 VIP 센터를 통해 빠르고 정밀한 치료를 받을 수 있지만, 농촌이나 외곽의 서민들은 여전히 진료 예약조차 어려운 경우가 많다. 실제로 같은 병이라도 어느 지역, 어느 병원에서 진단받느냐에 따라 완전히 다른 의료 경험을 하게 되는 것이 중국 현실이다.

그다음은 의료 서비스의 상업화 문제다. 중국 병원은 공공기관이지만, 동시에 수익도 추구한다. 의료 인력의 급여와 병원의 장비 투자, 심지어 일부 진료 실적은 수입에 따라 달라진다. 그 결과 '불필요한 검사와 약 처방'이 늘어나고, 환자들은 '진료받기 전에 주머니부터 걱정하는' 악순환에 빠진다. 의사가 권위자가 아닌, 의심의 대상이 되는 이유도 여기 있다. 여기에 폭력과 불신의 악순환도 한몫한다. 최근 몇 년간 중국에서는 의료진을 상대로 한 폭행 사건이 빈번하게 발생했다. 심지어 의사를 흉기로 찌른 사건도 있었다. 환자 가족들은 "의사가 돈만 밝힌다"며 분노하고, 의사들은 "환자들이 전문지식도 없이 몰아세운다"고 억울해한다. 신뢰가 무너지면 생명을 다루는 공간은 단숨에 갈등과 불안의 공간으로 바뀐다.

그렇다면 이 신뢰를 어떻게 회복할 수 있을까? 해답은 한 방향에서만 오지 않는다. 첫째, 투명한 제도와 감시 체계가 필요하다. 병원의 진료비는 누가, 어떤 기준으로 책정하는가? 의사의 처방은 정당한가? 이런 질문에 대해 병원 스스로가 아닌, 제3의 독립기구가 객관적으로 평가하는 구조가 필요하다. 둘째, 의료인의 윤리 교육과 사회적 이미지 개선도 중요하다. 중국의 의대는 기술 중심 교육에 집중돼 있어 환자와의 의사소통, 의료 윤리, 사회적 책임에 대한 교육이 상대적으로 부족하다. 환자는 자신의 상태를 이해하고 싶어 하고, 의사는 '사람을 보는 법'을 배워야 한다. 의사가 단지 '의료 기술자'가 아니라 '공공의 전문가'로 인식되어야 신뢰는 회복될 수 있다. 셋째, 환자 측의 의료 리터러시 향상도 필요하다.

디지털 플랫폼이 늘어난 만큼 환자들도 '정보 홍수'에 휘둘리기 쉽다. 가짜 의학 정보, 상업적 콘텐츠, 무분별한 민간요법에 의존하다가 의사와 마찰을 빚는 경우도 많다. 정부는 정확한 의학 정보 제공 플랫폼을 만들고, 대중이 의료 시스템을 이해할 수 있도록 도와야 한다. 마지막으로, 의료 정의는 정치적 의지의 문제이기도 하다. 진정한 의미의 보편적 의료 보장을 실현하려면 일시적 성과보다 장기적 신뢰를 추구하는 국가의 의지가 있어야 한다. 환자 한 명이 병원에서 공정하게 진료받는 경험은, 그 나라가 얼마나 정의로운지를 보여 주는 가장 구체적인 증거다.

중국은 여전히 길 위에 있다. 세계 최대 인구를 가진 나라답게, 그 길은 복잡하고 험난하다. 하지만 하나 분명한 건 있다. 병원을 찾은 사람에게 '공정하다'는 느낌을 주는 사회, 그것이 진짜 강한 나라다. 의료 정의는 병원 안의 문제만이 아니다. 그것은 곧, 사회 전체를 비추는 거울이다.